见证初心

——我珍藏的百份入党志愿书

韩珍明 著

中国收藏杂志社 编

中国商业出版社

图书在版编目（CIP）数据

见证初心：我珍藏的百份入党志愿书 / 韩珍明著；中国收藏杂志社编 . -- 北京：中国商业出版社，2024. 9. -- ISBN 978-7-5208-3136-9

I. D23

中国国家版本馆 CIP 数据核字第 20249504AM 号

责任编辑：孔祥莉　李　颖

中国商业出版社出版发行
（www.zgsycb.com　100053　北京广安门内报国寺 1 号）
总编室：010-63180647　编辑室：010-83128918
发行部：010-83120835/8286
新华书店经销
北京华联印刷有限公司印刷

*

787 毫米 ×1092 毫米　16 开　12 印张　145 千字
2024 年 9 月第 1 版　2024 年 9 月第 1 次印刷
定价：98.00 元

* * * *

（如有印装质量问题可更换）

序

在谈及中国当代发展的时候，我们必须对中国共产党人前赴后继、为实现中华民族伟大复兴而接续奋斗的历程与精神大书特书一笔。

这是人类几千年文明史上的一个奇迹：百年来，一支弱小的力量从小到大，一脉理想和信仰星火燎原。凝聚这一切的是有史以来体量最庞大的一个政党：她有着百年历史，还有将近一亿名党员。

本书作者韩珍明的收藏无疑为世人提供了知晓这个史实的一个特殊视角。凭着几十年的执着和披沙拣金的精神，他收集了上千件年深日久的入党志愿书。尤其是革命战争年代的入党志愿书，斑驳泛黄的纸张上，党徽党旗依然那么耀眼。

入党志愿书是个人的也是集体的。作为个人，我们或许都曾郑重递交过这份入党志愿书；作为组织，是这个队伍中一茬又一茬优秀分子的加入，使之成为无坚不摧的力量。

这力量体现在，在最困难最危险的时刻，总是共产党员站在前列。几十年前，在对越自卫反击战突破红河架设舟桥的激战中，牵引门桥的汽艇突然搁浅，作为宣传干事的我振臂高呼："共产党员们跟我上！"大家纷纷跳入水中，用肩膀扛起门桥前进。那一年，我的党龄是 3 年。为什么会有这样的口号？看看本书中的这些入党志愿书，无论哪个版本，你都会看到有关“勇敢战斗，不怕牺牲，为人民的利益献出一切”这样的誓言。也就是说，入党志愿书是一份“生死文书”，在关键时刻这些人已经把生死置之度外。

韩珍明的收藏还给我们提供了一个契机，阅读到不同年代的基层党组织党员誓词的异同。但在不同的文本中都会有同样的表达：为共产主义事业而奋斗；为了人民的利益；遵守党的纪律、执行党的决议；不怕牺牲，勇敢战斗；永不叛党。这是跨越时空凝聚千万人的理想和信念。

在本书中，你还会看到积极加入中国共产党的人员的构成，尽管这里不是她的来源的全部，但是极具代表性。他们中有旧社会底层的劳苦大众，有认清了这支军队宗旨的解放战士，也有追求解放和新生活的青年学生。在一个民族历经外侮、新旧交替的时候，拥有先进思想的这批人构成了英勇卓绝、不可阻挡的力量。

收藏的意义在于价值发现。无论财富价值还是精神价值，在时间的沉淀中，收藏者和观赏者在欣赏之余，审视着它对于今天的意义。

知名文化学者、资深媒体人
2024 年 7 月 21 日

自 序

30 多年前，我刚调到中国人民解放军总政治部组织部党务局工作，当时的局长考虑到我是单枪匹马，在机关没熟人，下班后也没啥地方可去，同时也为了我更快了解各种情况，让我下班后和周末没事时把办公室 10 多个书柜里的书籍、资料整理一下，分门别类地摆放整齐。有一天，我忽然看到一张巴掌大小的纸片飘落下来。我蹲下去一看，是个很陈旧、残破的入党志愿书封面。这个封面和当时使用的入党志愿书的封面完全不一样，我感到很稀奇。一直到我把柜子里的资料都整理完了，也没有看到这份入党志愿书的瓤儿。这是哪来的封面？后来我问了几个老同志，他们都说，办公室里没有保存任何入党志愿书，那个封面可能是哪本书籍或资料里夹带的。

1949 年以后，入党志愿书是中共中央组织部统一印发样式的。如果是统一更换样式，中国人民解放军总政治部组织部只是把中共中央组织部下发的样表，转发给各大军区、军委各总部和各军兵种，由他们自行翻印。所以无论是谁想递交入党志愿书，都得按程序到有关部门申领。而党务局的保险柜里，除了中共中央组织部下发的样表，再没有任何一份入党志愿书。

但是，那张巴掌大小的入党志愿书的旧封面，却深深印在了我的脑海里，挥之不去。

后来，北京的民间收藏品市场红火起来了。一到周末，只要不出差，我就会跑到潘家园、报国寺等地方去转一转。即便上班，中午休息时，我也常到机关大院斜对面的路边闲逛，因为那里经常有很多旧货摊。我想有一天或许会有一个意外出现，碰上我喜欢的东西。

机会确实会在意外的场合出现。有一天，在一个山东人的摊位上，我忽然看到了一份陈旧的入党志愿书。我喜不自禁，来不及细细翻看，就问摊主价格，一心想把它尽快拿到手里。摊主不慌不忙地伸出一个巴掌，来回翻了一下。我知道这应该是 1000 元的意思，那时候我一个月的工资还不到 1000 元，觉得摊主要价过高，所以想和摊主砍砍价。没想到摊主张口就说："先生，东西行不行？要，你就赶快付钱；不要，就腾挪一下地方。我们全靠这点儿时间做生意。"

摊主分明是在下逐客令。我一急就从口袋里把钱都掏了出来，只有 950 元。我把 900 元递给了摊主并说："你好歹得给我留个'看门钱'吧。"摊主看我真的没有更多的钱了，也就送了个顺水人情，说："看你收这些东西不容易，就收你 900 元吧。"

这就是我收藏的第一份战争年代的入党志愿书，编号是 47-1。这样的编号，意为它是我收藏的第一份 1947 年的入党志愿书。之后，我收藏的入党志愿书，都照此编号。

后来我的工作地点调整到河南开封。没想到，开封虽然地处豫东地区，但因为陇海铁路和连霍高速公路的开通，交通非常便利，再加上开封的古都地位，每到周末，河南和山东、江苏、安徽等周边各地的收藏者都会涌向开封出货、收货。如果货不错、行情好，这些人会立马返回，再组织货源；如果行情不行，他们会马上购买火车票，赶往北京。这样，我在开封利用每个周末的部分时间，不但可以收集到河南各地的“宝贝”，还可以收集到一些有江苏、安徽、山东等地方特色的藏品，特别是我钟爱的入党志愿书。

不知不觉，20 多年下来，我收藏的各个年代的入党志愿书已经蔚为大观，当中不仅有百余份是来自炮火纷飞的战争年代，而且还有颇丰的社会主义革命和建设时期的入党志愿书。每寻到一份，我都要去认真研读。尽管它们的“主人”各不相同，但都有着共同的信仰与追求，这种崇高和坚定，使人感受到无尽的力量。

本书呈现的这批入党志愿书，是我从手中的珍藏品中遴选出来的 100 件，每一件都极具特色与代表性。谨以此献给百年来带领中国人民走过壮丽征程、迈向美好明天的中国共产党！

在《见证初心——我珍藏的百份入党志愿书》即将付梓之际，我要对为这本书付出劳动的诸多人士表示感谢！

首先要感谢北京市军队离休退休干部莲花池休养所（简称军休所）的领导与同志们。如党总支书记韩京武同志，当他得知有媒体要采访我时，当场表示：“战争年代和中华人民共和国成立初期的入党志愿书是非常稀缺的政治资源，在我们所里，要发掘好、利用好、宣传好。”于是在大家的努力下，我收藏的入党志愿书在军休所里率先展览。

再如军休所政工办的王光主任、服管科的王骆科长和第八工作站的张进站长。王光主任吃苦耐劳的敬业精神和雷厉风行的作风让人感动，服管科的王骆科长则把涉及展览服务的工作安排得井井有条。就这样，一场由百余份入党志愿书打造的收藏展呈现在观众面前，军休所老干部们对此都非常满意。在最紧张的时候，第八工作站的张进站长利用业余时间录入了一批文字资料。应该说，首个展览的顺利举行，与他们周到细致的服务工作密不可分。

还要感谢我所在党支部的书记赵源同志。前期，他带领我做了很多筹划和案头的准备工作。他还从家里拿来了扫描仪，非常认真地将入党志愿书的全部资料都做了扫描，完成了展览及出版等所需的基础性工作。

后来，这一展览又被中国收藏杂志社引入收藏爱好者的打卡地——北京报国寺。尽管只展陈了 1 个月，但反响空前。正因为此次展出，也促成了《见证初心——我珍藏的百份入党志愿书》一书的结集出版，让更多的人有机会看到我收藏的入党志愿书，了解这一张张故纸所承载的历史与故事。

诚然，入党志愿书的研究是一门涉及党史、军史的大学问。这本书只是一个阶段性、小侧面的研究展示，还很粗浅。欢迎各位领导、同事、朋友在翻阅的同时，提出宝贵意见。

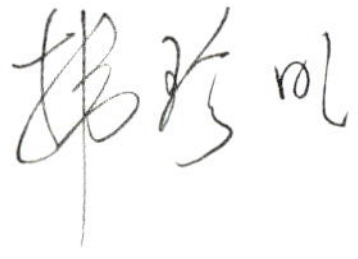

2024 年 7 月 10 日

目录

第一部分　百份入党志愿书　1

第二部分　各时期入党志愿书名称及入党誓词　155

第三部分　媒体声音撷英　163

后记　175

第一部分

百份入党志愿书

藏品一

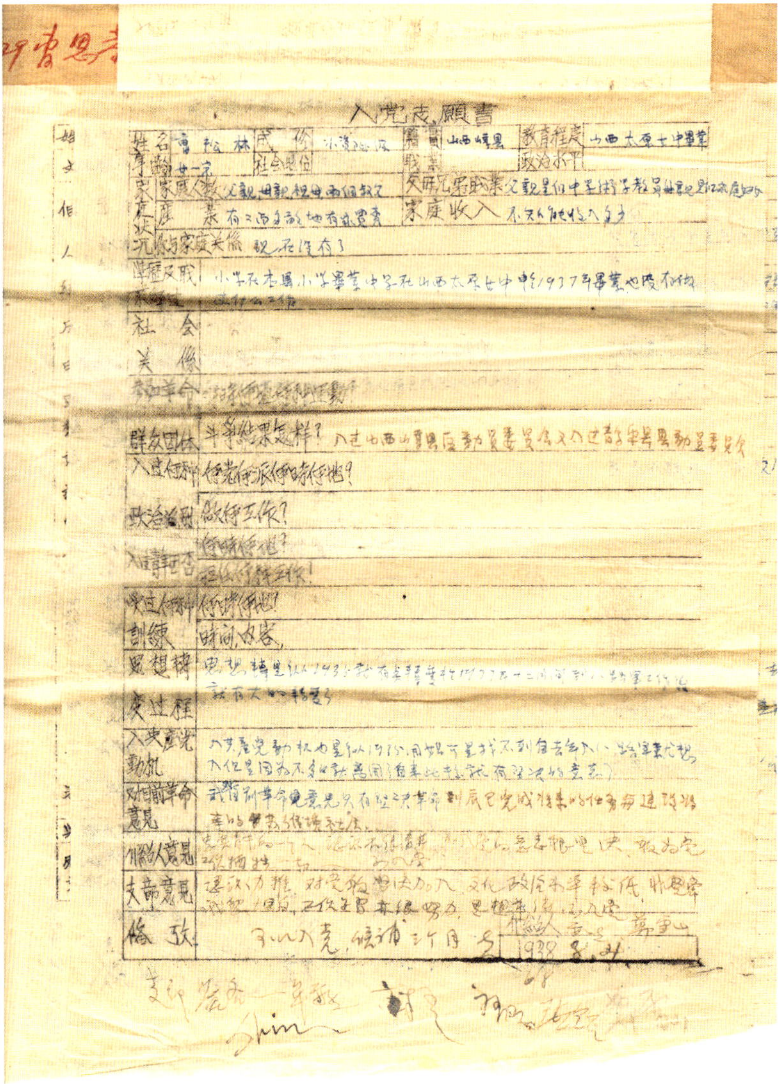
入党志愿书
姓名 曹松林
成份
籍贯 山西崞县
教育程度 山西太原七中毕业
年龄 廿一岁
社会地位
职业
政治水平
家庭状况
家庭人数
家庭职业
财产
家庭收入
你与家庭关系
学历及职业
社会关系
参加革命
群众团体
入过何种
政治意见
入过青年否
受过何种训练
思想转变过程
入党意党动机
对目前革命意见
介绍人意见
支部意见
条 款
介绍人
1938 8. 24

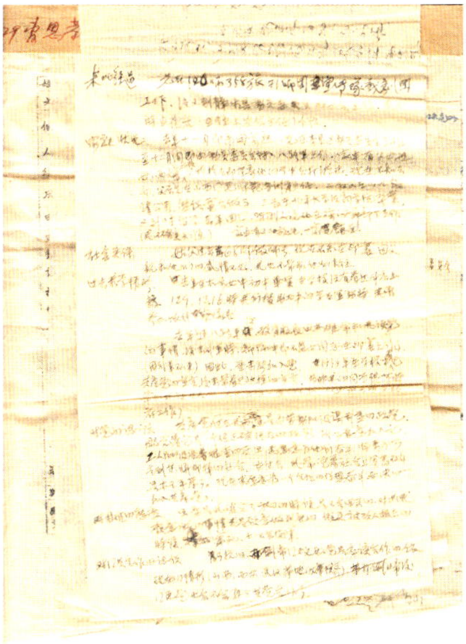 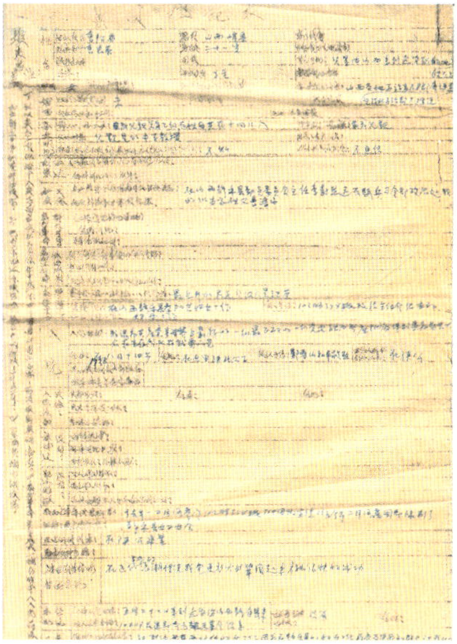

这是一份填写于 1938 年的入党志愿书。填表人曹松林（或为曹思恭），女，出生在小资产阶级家庭，家里有 200 亩地和 1 家铺面，父亲是中学教员，母亲是家庭妇女。1937 年她从山西太原女中毕业，先在一二〇师三五八旅七十一团宣传队戏剧团工作，后又到山西忻州静乐县动员委员会妇女会工作。

在“思想转变过程”一栏里她写道：从 1935 年就有点转变，于 1937 年 12 月间到八路军工作后，就有大的转变了。

在“党员登记表”中的“入党动机”一栏里她写道：共产党是世界上最好的一个、最正确的一个党，能为无产阶级谋利益，为劳苦大众求生存，所以要入党。

她还表示：“从 1935 年开始就想加入，可是找不到（组织）。自去年（1937 年）入八路军就想入（党），但是因为不多日就离开了；自来此校，就有坚决的意志了。只有坚决革命到底，已（以）完成将来的任务与建设将来的苏维埃社会。”

“备考”栏显示：可以入党，候补期 3 个月。

藏品二

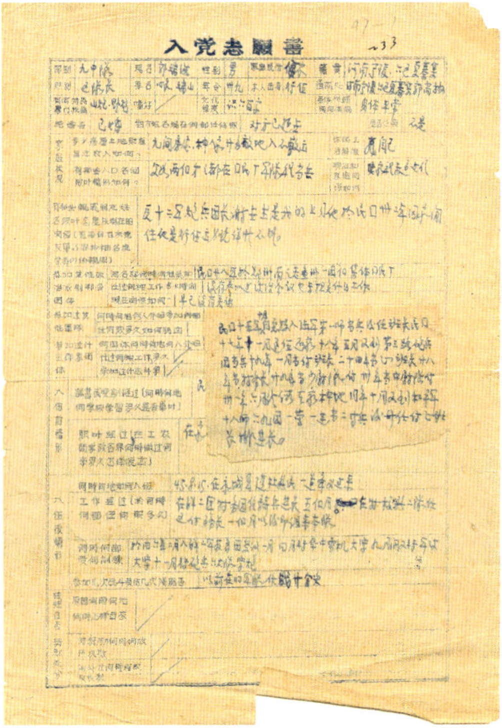

1947年加入共产党的郭瑞海行伍出身。他于1926年加入国民党陆军第一师，1945年8月随军起义，加入解放军的行列。

关于“对共产党的认识”，他写道：共产党是为人民服务的，是为了劳苦大众的解放、为了国家的富强、为了人人能自由。

关于“为什么要加入共产党”，他写道：为了实现中国的独立、自由、平等，为了劳苦大众的解放而奋斗。

关于“入党后应该怎么样”，他写道：不怕艰难困苦，不怕流血牺牲，毫无顾虑地为革命奋斗。

在“对目前时局的认识”上，他对前途充满了信心，写道：打下去最快一年能和平，最迟五年八年才能和平，不管打下去或是和平，国民党总是要垮的。

这是笔者收藏的第一份战争年代的入党志愿书。

这是山东省掖县一位女党员的入党志愿书。入党誓词是：“我志愿加入中国共产党，在党的拎（领）导下，愿终身为共产主义事叶（业）奋斗到底；承认党纲，遵守党纪，并加入党的组织之一，在其中积极为党工作，无条件的（地）实际的（地）执行党的决议和政策，服从组织调动和分配，决心为人民群众服务，巩固党与群众人民的联系，按期缴（交）纳党费，遵守党纪，严守秘密，积极参加党的政治生活和革命斗争，不动摇，不叛变，不怕牺牲和困难，并努力学习，提高自己的觉悟程度，在各种革命事叶（业）中起模范作用，并和党内外一切损害党的利益的现象进行不屈的斗争，党的利益高于一切，服从党的利益，如违以上誓言，愿受党纪严厉（厉）制裁。”

入党志願書

入党誓詞

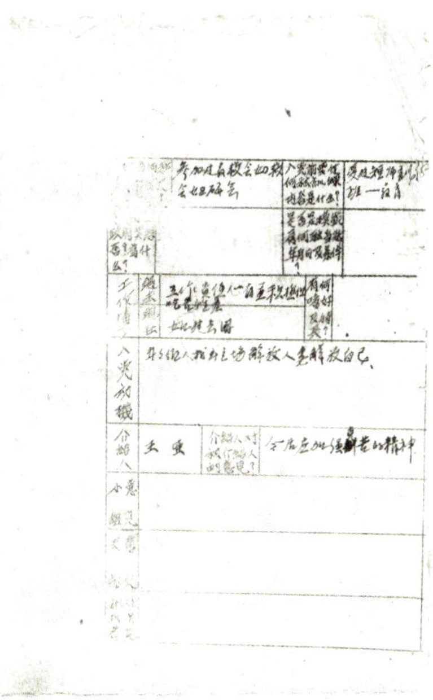

藏品四

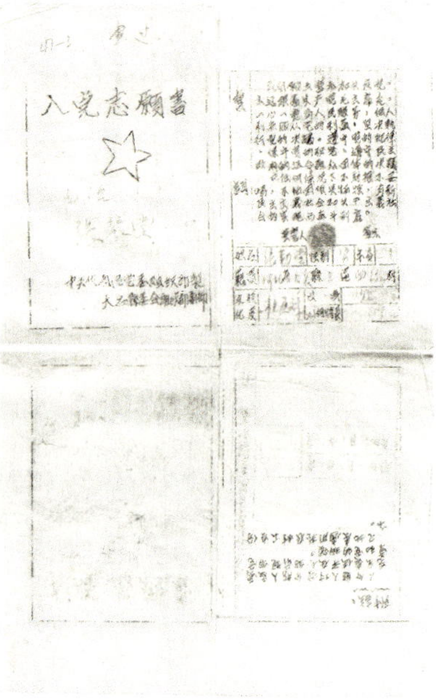

1947年，河北省大名县张勤堂的入党誓词是：“我自愿立誓参加共产党，永远跟着共产党毛主席走，一心一意为人民服务，个人利益服从党的利益。坚决执行党的决议。遵守党的纪律、保守党的秘密。遵守民主政府的法令、群众团体的决议，在任何情况下不动摇不妥协，不怕困难与牺牲，为新民主主义社会和共产主义社会的实现而奋斗到底。”

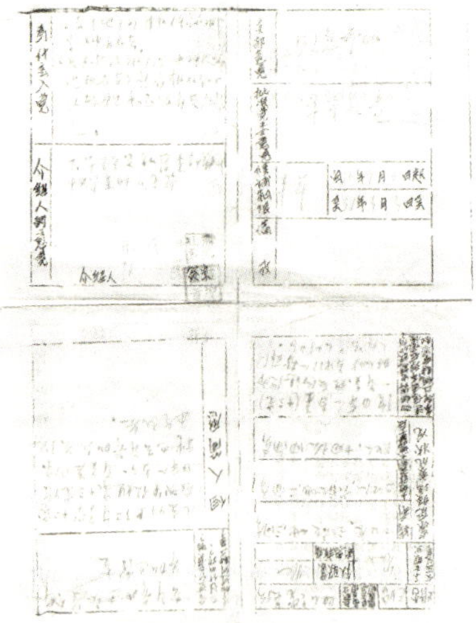

在“为什么入党”一栏里他写道：“1. 去年（1946年）地主对我和群众的迫害，心中下不去。2. 共产党没到时没地种、没饭吃。现在有了。党着报不了的恩，故愿永远跟着共产党走。”

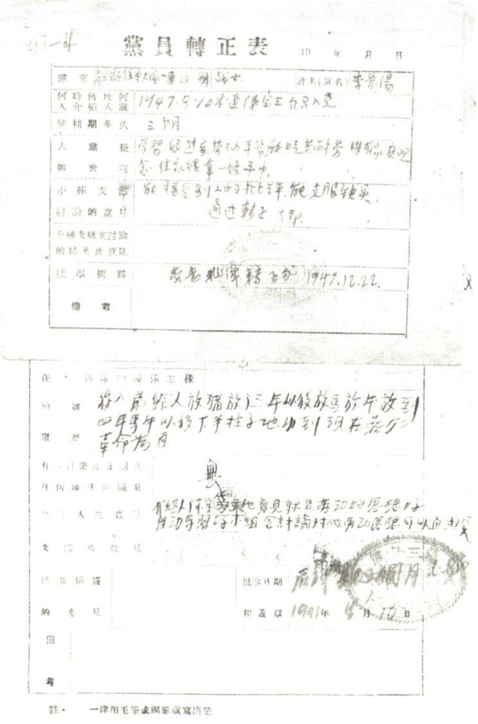

黨員轉正表　19　年　月　日

何時何地何人介紹入黨	
候補期多久	三个月
入黨後的表現	
小組支部討論的意見	
分總支總支討論的結果及意見	
批准機關	1947.12.22.
備考	

註：一律用毛筆或鋼筆填寫清楚

这是 1947 年黑龙江青冈县保安大队一连战士李景阳的“党员转正表”。在“何时何地何人介绍入党”一栏中他写道：1947 年 8 月 10 日本连陈宝三介绍入党。“入党后的表现”一栏的内容为：学习很进步，劳动平常能吃苦耐劳……“小组支部讨论的意见”是：能接受别人的批评，能克服缺点，通过转正。

藏品六

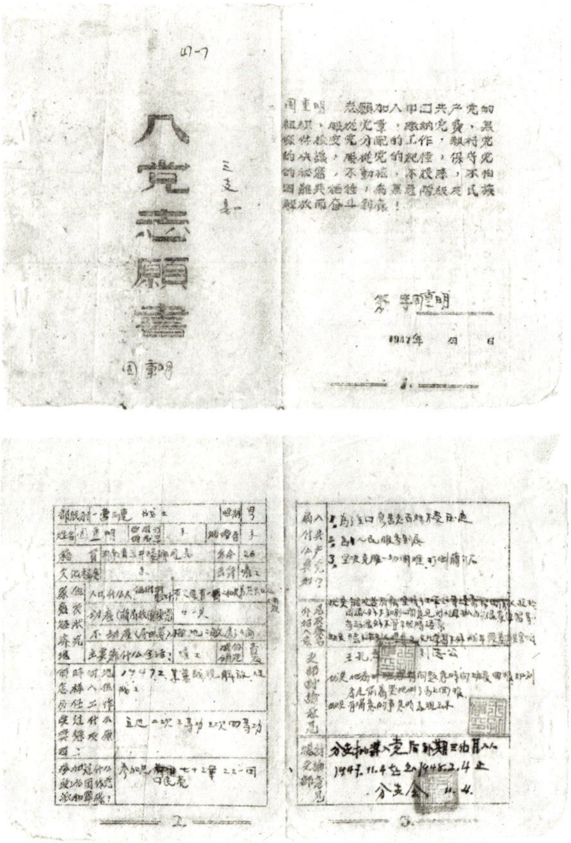
入党志愿书

固重明

固重明　志愿加入中国共产党的组织，服从党章，缴纳党费，无条件接受党分配的工作，执行党的决议，服从党的纪律，保守党的秘密，不动摇，不投降，不怕困难与牺牲，为无产阶级及民族解放而奋斗到底！

签字　固重明

1947年　　日

这份1947年的入党志愿书中，“姓名”栏的名字为“固重明”。入党誓词的内容是：“志愿加入中国共产党的组织，服从党章，缴（交）纳党费，无条件接受党分配的工作，执行党的决议，服从党的纪律，保守党的秘密，不动摇，不投降，不怕困难与牺牲，为无产阶级及民族解放而奋斗到底！”

固重明，1947年2月在莱芜战役胜利后入伍，任战士，曾立过2次三等功、3次四等功。在“为什么要加入共产党”一栏里他写道：为了全国穷苦老百姓不受压迫；为人民服务到底；坚决克服一切困难，打倒蒋介石。

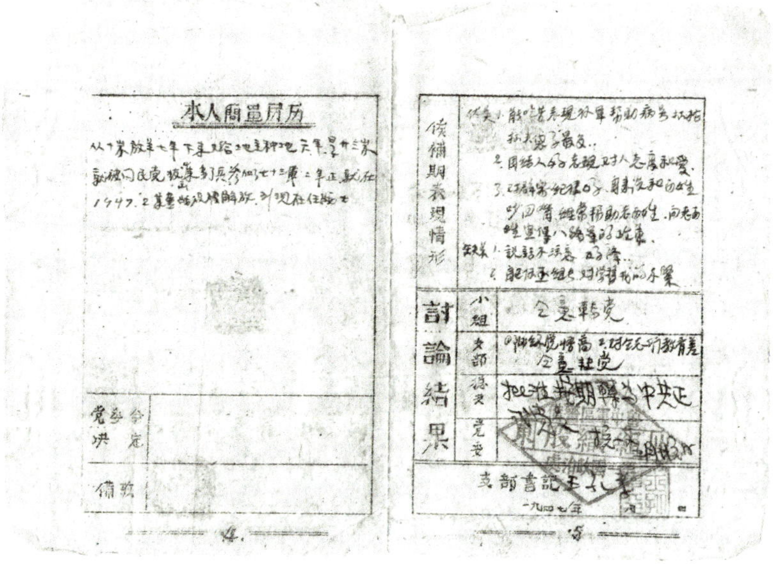

本人简单履历

从十岁放羊七年，下来又给地主种地六年，是廿三岁就被国民党抓兵（出）去了，参加了七十三军二年正，就在1947.2莱芜战役被解放，到现在任班长

党委会决定

备考

候补期表现情形		优点：1.能吃苦表现好，帮助病号扛枪扛米袋子最多。2.团结人好，表现对人态度和蔼。3.对群众纪律好，从来没和百姓吵过嘴，经常帮助老百姓，向老百姓宣传八路军的政策。缺点：1.说话不注意，好骂人。2. ……对学习抓的不紧
讨论结果	小组	全意转党
	支部	①阶级觉悟高 ②对党忠诚 ③教育差 全意转党
	总支	批准按期转为中共正式党员
	党委	

支部书记王

一九四七年

4　　5

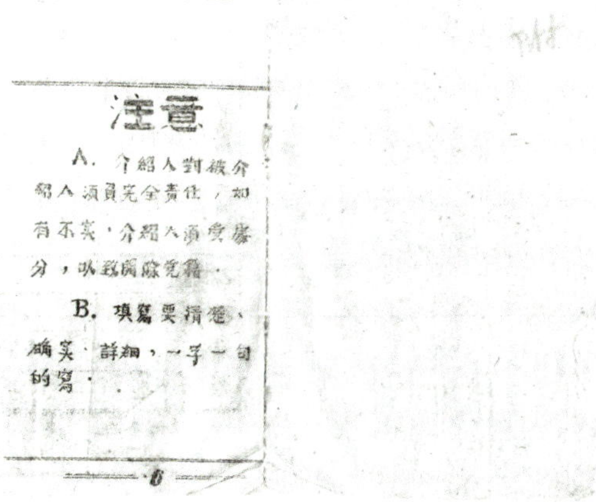

注意

A. 介绍人对被介绍人须负完全责任，如有不实，介绍人须受处分，以致开除党籍。

B. 填写要清楚、确实、详细，一字一句的写。

6

关于候补期他的表现，从上图中可以了解到，优点为：能吃苦，帮助病号扛枪、扛米袋子最多；团结人好，表现在对人态度和蔼；对群众纪律好，从来没和百姓吵过嘴，经常帮助老百姓，向老百姓宣传八路军的政策。经过讨论，党小组与党支部均同意其转正。

藏品七

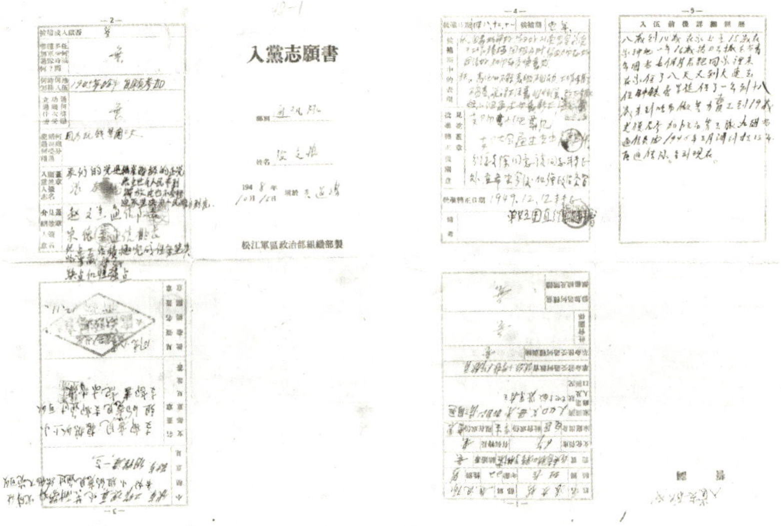
入黨志願書

松江軍區政治部組織部製

这件藏品封面最上方是“入党志愿书”5个大字；下面的“部别”用钢笔填写了“通讯队”，“姓名”为“张友福”，1948年10月16日填于头道沟；最下方为“松江军区政治部组织部制”字样。

从上图中可得知，填表人张友福的家庭有父、母、弟共4口人，3间房，5亩地，以农业为主。他革命前接受了优级小学校6年教育；16岁被日本人抓进青年团，7个月后跑回家；又到大连钟表店当了1年学徒，18岁到哈尔滨做苦力；19岁参加哈尔滨市第三旅九团，当通讯员；1946年3月调到松江军区通讯队工作。其在候补期中的表现，优点有：自我批评好，学习好，对党忠实，为党工作积极，汇报及时，帮助同志好，团结好，和同志交换意见。党小组、党支部都同意其转正，并希望他今后要加强政治学习。

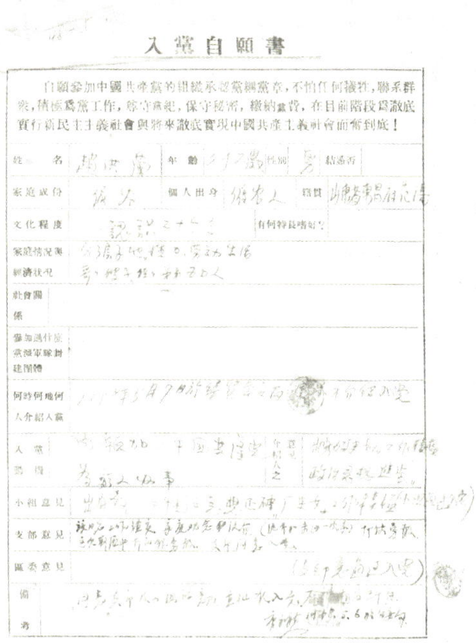

入黨自願書

自願參加中國共產黨的組織承認黨綱黨章，不怕任何犧牲，聯系群衆，積極爲黨工作，遵守黨紀，保守秘密，繳納黨費，在目前階段爲澈底實行新民主主義社會與將來澈底實現中國共產主義社會而奮鬥到底！

姓名　年齡　性別　結婚否
家庭成份　個人出身　籍貫
文化程度　有何特長嗜好？
家庭情況與經濟狀況
社會關係
參加過什麼黨派軍隊封建團體
何時何地何人介紹入黨
入黨動機　介紹人之意見
小組意見
支部意見
區委意見
備考

这份“入党自愿书”上的入党誓词为：“自愿参加中国共产党的组织(，)承认党纲党章，不怕任何牺牲，联系群众，积极为党工作，尊（遵）守党纪，保守秘密，缴（交）纳党费，在目前阶段为澈（彻）底实行新民主主义社会与将来澈（彻）底实现中国共产主义社会而奋（斗）到底！”

其填表人是26岁的赵洪兰。在“何时何地何人介绍入党”一栏中他写道：1948年5月7日由集贤公安局冯万才介绍入党。在“入党动机”一栏中他表示：自愿加入中国共产党，为穷人办事。“介绍人之意见”为：出身好、历史好，工作积极，政治思想进步。最下方“备考”中则写道：同意支部及小组的意见，并批准入党，候补期为3个月，1948年5月6日于公安局。

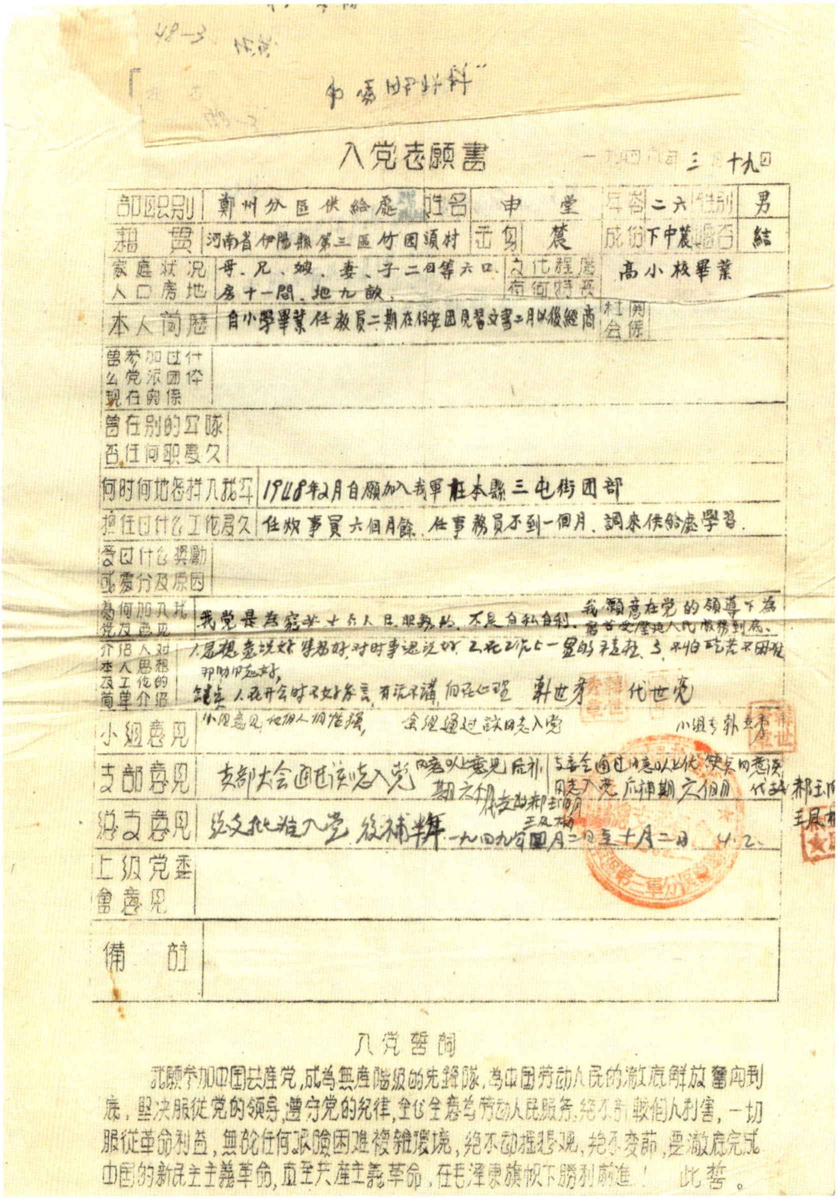

入党志願書

一九四九年三月十九日

部队别	鄭州分區供給處	姓名	申堂	年龄	二六	性别	男
籍貫	河南省伊陽縣第三區竹园頭村	出身	農	成份	下中農	婚否	結
家庭狀況人口房地	母、兄、嫂、妻、子二個等六口、房十一間、地九畝、	文化程度有何特長	高小校畢業				
本人简歷	自小學畢業任教員二期在保安団見習文書二月以後經商	社會關係					
曾参加过什么党派团体現在关係							
曾在别的军队否任何职多久							
何时何地怎样入我军	1948年2月自願加入我軍在本縣三屯街团部						
担任过什么工作多久	任炊事員六個月餘、任事務員不到一個月、調來供給處學習						
受过什么奖励或處分及原因							
為何加入我党及意见	我党是為窮苦大众人民服务的，不是自私自利，我願意在党的領導下為窮苦受壓迫人民服務到底。						
介绍人对本人思想及工作的简单介绍	[illegible] 郭世孝 代世亮						
小組意見	小組意見他個人很堅强，全组通过該同志入党 小组長郭世孝						
支部意見	支部大会通过该同志入党 [illegible] 郝玉明						
總支意見	總支批准入党 [illegible] 一九四九年四月二日 4.2.						
上级党委會意見							
備討							

入党誓詞

我願参加中国共產党，成為無產階級的先鋒隊，為中国勞动人民的澈底解放奮鬥到底，堅决服從党的领导，遵守党的紀律，全心全意為勞动人民服务，絶不計較個人利害，一切服從革命利益，無論任何艰險困难複雜環境，絶不动搖悲观，絶不変节，要澈底完成中国的新民主主義革命，直至共產主義革命，在毛澤東旗帜下勝利前進！　此誓。

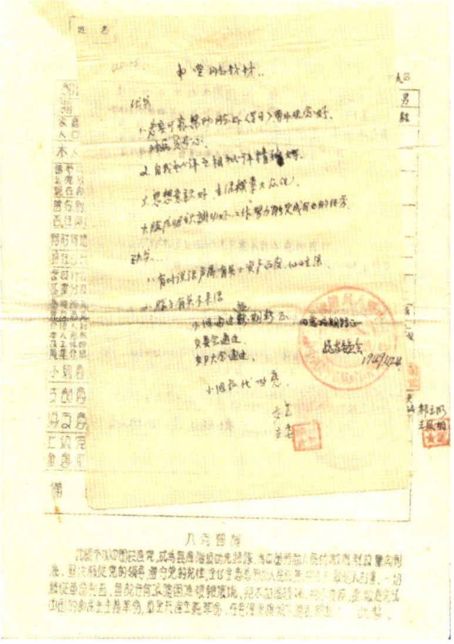

1948年3月19日，郑州军分区供给处申堂填写的入党志愿书显示：其1948年2月自愿参军，任炊事员6月余，任事务员不到1个月，调至供给处学习。在“为何加入我党及意见”中他写道：“我党是为穷苦大众人民服务的，不是自私自利。我愿意在党的领导下为穷苦受压迫人民服务到底。”介绍人认为他思想意识好，学习好，对时事认识好，工作一贯积极且不怕吃苦，帮助同志好；但开会时不爱发言。小组意见认为其个性强，全组通过其入党。支部大会同意介绍人和小组意见，通过其入党。总支对此予以批准，候补期半年，自1949年4月2日至10月2日。

入党誓词全文如下：“我愿参加中国共产党，成为无产阶级的先锋队，为中国劳动人民的澈（彻）底解放奋斗到底，坚决服从党的领导，遵守党的纪律，全心全意为劳动人民服务，绝不计较个人利害，一切服从革命利益，无论任何艰险困难、复杂环境，绝不动摇悲观，绝不变节，要澈（彻）底完成中国的新民主主义革命，直至共产主义革命，在毛泽东旗帜下胜利前进！此誓。”

藏品十

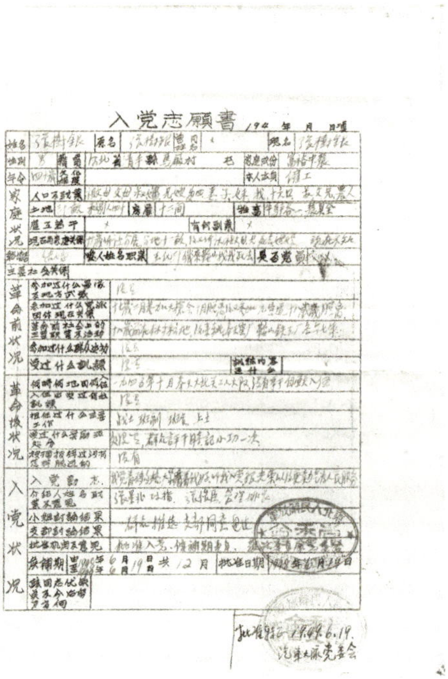

入党志願書

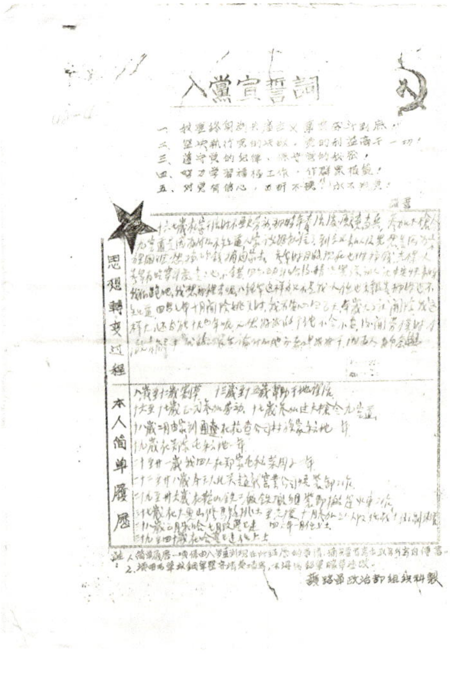

入黨宣誓詞

二、坚决执行党的决议，党的利益高于一切！
三、遵守党的纪律，保守党的秘密！
四、努力学习积极工作，作群众模范！
五、对党有信心，百折不挠，永不叛党！

思想轉变过程

本人简单履歷

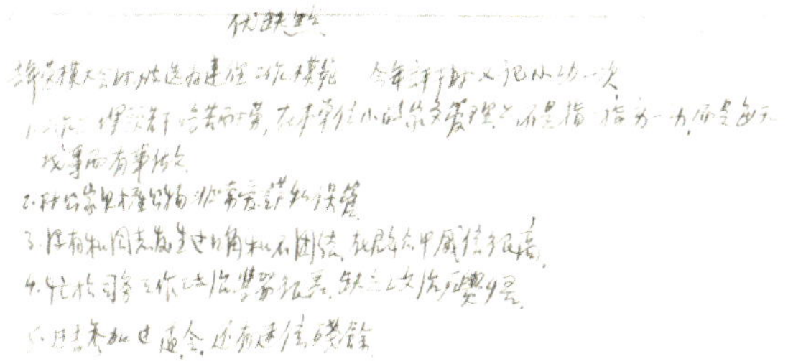
优缺点

劳模大会时被选为连里工作模范　今年评干时又记小功一次

40 岁的张树银的入党志愿书上，誓词为：“一、我要终身为共产主义事业奋斗到底！二、坚决执行党的决议，党的利益高于一切！三、遵守党的纪律，保守党的秘密！四、努力学习积极工作，作（做）群众模范！五、对党有信心，百折不挠，永不叛党！”

从上图中得知，劳模大会时，他被选为连里工作模范，后评干时又记小功一次。他的优点是埋头苦干，吃苦耐劳，工作积极，非常爱护公有财物，未与人发生过口角和不团结，在群众中威信很高。经群众推选，支部同意通过其入党，候补期 1 年，由 1948 年 6 月 19 日至 1949 年 6 月 19 日。

藏品十一

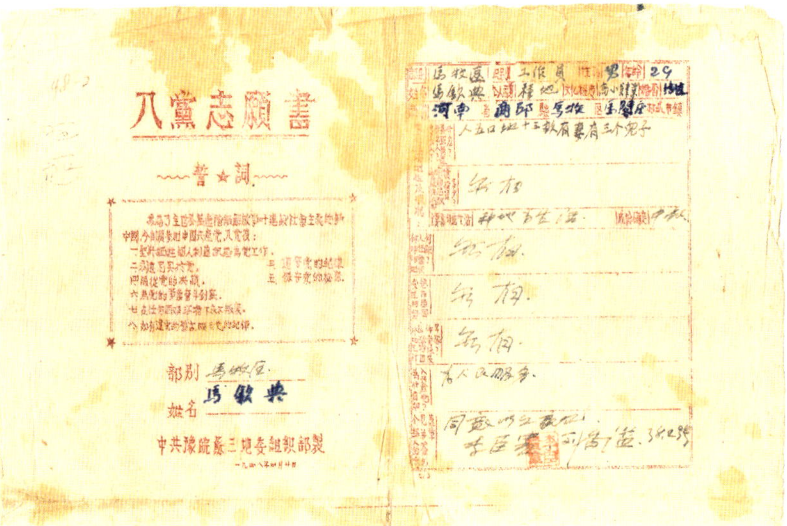
入黨志願書

誓詞

部別 馬牧區

姓名 馬欽典

中共豫皖蘇三地委組織部製

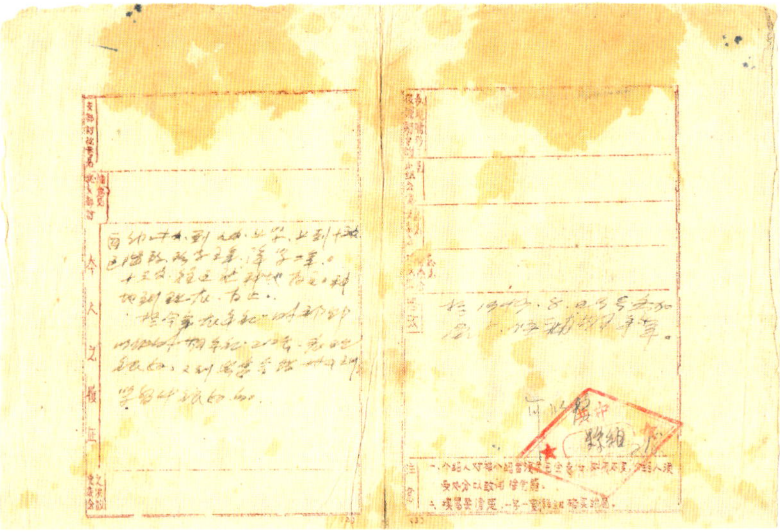

这份入党志愿书封面所有文字均为蜡纸刻字、红色油墨印制，“入党志愿书”5个大字鲜明有力。入党誓词为：“我为了全世界无产阶级解放事叶（业），建设社会主义的新中国，今自愿参加中国共产党。入党后：一、坚决牺牲个人利益（，）积极为党工作；二、永远忠实于党；三、遵守党的纪律；四、服从党的决议；五、保守党的秘密；六、为党的事业奋斗到底；七、在任何困难环境下永不叛变；八、如有违党的誓言，愿受党的纪律（处分）。”誓词下方依次填写了部别、姓名，以及“中共豫皖苏三地委组织部制，一九四八年四月二十日”的字样。

填表人为29岁的马钦典，种地出身，高小肄业，籍贯为河南商丘。他家有妻子和3个儿子，并有13亩地。在“为什么加入共产党”一栏，他填写了“为人民服务”5个大字。

其入党介绍人为李臣贵、刘香溢。

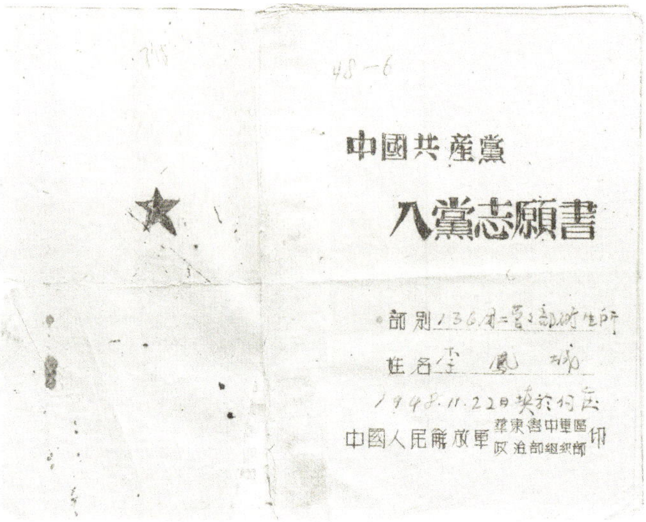

48-6

中國共產黨

入黨志願書

部别 136團二營營部衛生所

姓名 李鳳城

1948.11.22日填於付庄

中國人民解放軍 華東魯中軍區 政治部組織部 印

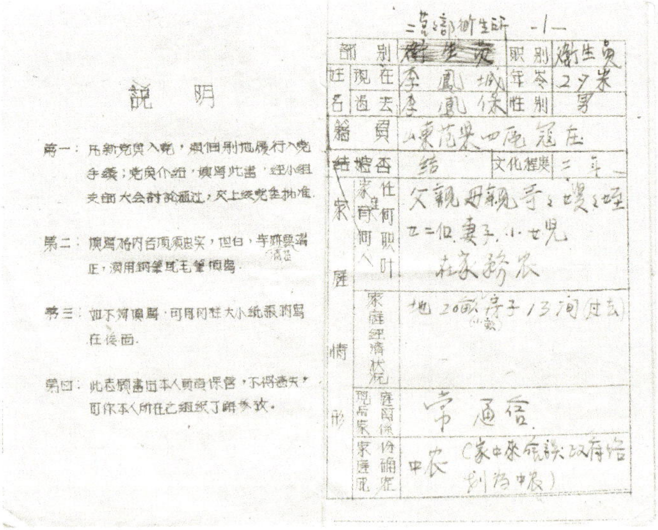

說　明

第一：凡新黨員入黨，須個別地履行入黨手續；由黨員介紹，填寫此書，經小組支部大会討論通过，及上級黨委批准。

第二：填寫時內容須忠实，坦白，字跡要清楚端正，須用鋼筆或毛筆偭寫。

第三：如下頁填寫，可用同樣大小紙張寫在後面。

第四：此志願書由本人負責保管，不得遺失，可作本人所在之組織了解參考。

二營部衛生所　-1-

部别	~~衛生處~~		职别	衛生員
姓名	現在	李鳳城	年令	27岁
	過去	李鳳儀	性别	男
籍貫	山東范県四區冠庄			
結婚否	結		文化程度	二年
家庭情形	家有何人任何职业	父親母親哥哥嫂嫂姪女二位.妻子.小女兒 在家務农		
	家庭經濟状况	地20畝(小畝) 房子13間(过去)		
	現与家庭関係	常通信.		
	家庭成份確定	中农(家中來信説政府給划為中農)		

1948 年 11 月 22 日李凤城在何庄填写了这份“中国共产党入党志愿书”，上面“部别”为一三六团二营营部卫生所，由中国人民解放军华东鲁中军区政治部组织部印。

其扉页为说明，全文如下。

第一，凡新党员入党，须个别地履行入党手续；党员介绍，填写此书，经小组支部大会讨论通过，交上级党委批准。

第二，填写格内各项须忠实，坦白，字迹要清楚端正，须用钢笔或毛笔填写。

第三，如不够填写，可用同样大小纸张附写在后面。

第四，此志愿书由本人负责保管，不得遗失，可作本人所在之组织了解参考。

正文共 10 页。从中我们可以了解到，行伍出身的李凤城 19 岁之前在家务农，入党是为了“使中国的穷苦老百姓求解放，不受压迫与剥削。坚决革命到底，直到实现共产主义社会”。介绍人认为他经过战火洗礼，阶级觉悟提高快。“小组讨论结果及意见”表明：他战斗很勇敢，不顾炮火激烈包扎伤员，尤其是在济南战役中，从火线上背下营长；不但吃苦耐劳是一贯作风，还积极宣传党的政策与我军胜利。经过半年候补期，1949 年 5 月 25 日，党委批准李凤城转正。

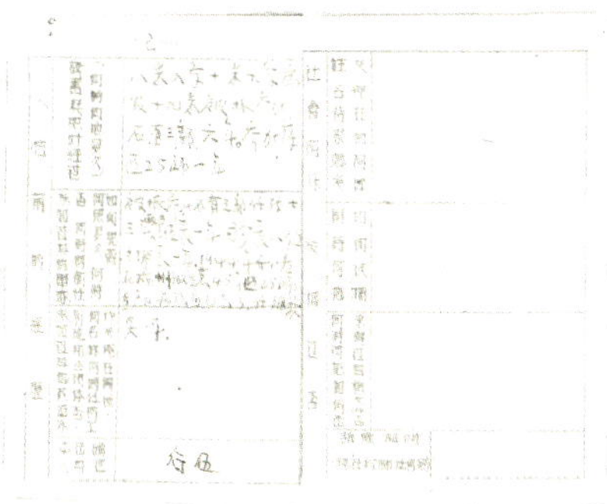

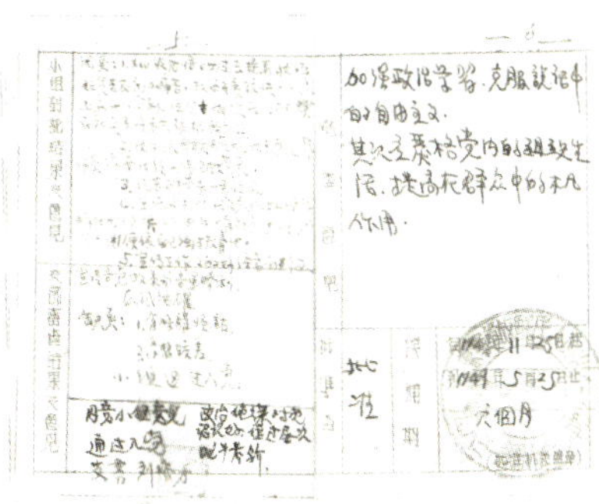

这份“入党志愿表”背后的特别之处在于：填表人张守顺 1941 年曾入党，但由于战争年代相当艰苦，因一次休息睡着而掉队，于 1945 年 5 月被停止了党籍；3 个月后他到了东北，忙于战争而没时间来解决自己的党籍问题；后由于身体虚弱就到后方休养、工作，急切解决党籍问题。

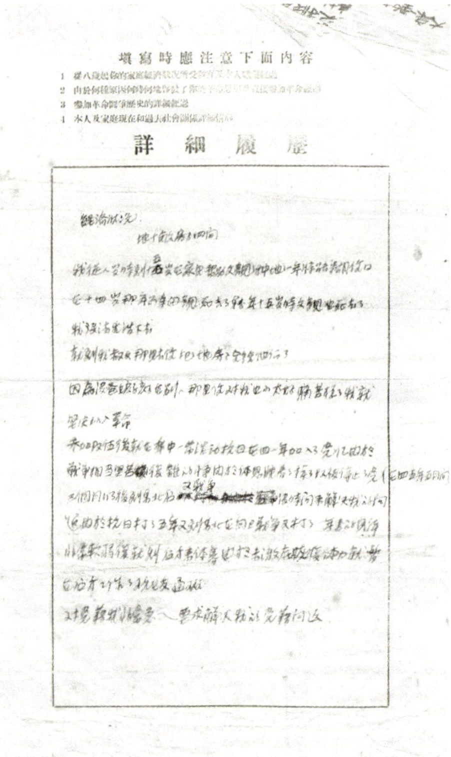

对于为什么要入党，他表示：“我是一个贫苦出身的人，从小就没了父母，相当痛苦。我为了要解放全世界与我相同的人，要为无产阶级奋斗。”介绍人对他的评价是“工作态度老实、性情忠厚、埋头苦干，但学习差、斗争性差”。“小组会意见”是“工作能吃苦，有优点不声扬”。经过支部审查讨论，支部大会决定其入党候补期 3 个月，由 1948 年 3 月 12 日 至 1948 年 6 月 12 日。

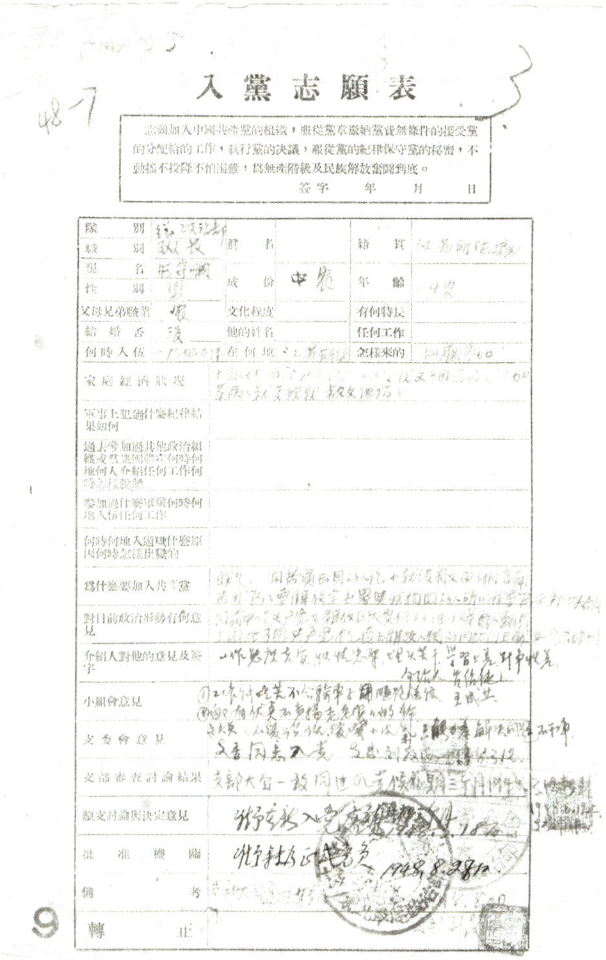

入黨志願表

志願加入中國共產黨的組織，服從黨章繳納黨費無條件的接受黨的分配給的工作，執行黨的決議，服從黨的紀律保守黨的秘密，不動搖不投降不怕困難，為無產階級及民族解放奮鬥到底。

簽字　年　月　日

隊別		真名		籍貫	
職別					
現名		成份	中農	年齡	
性別					
父母兄弟職業		文化程度		有何特長	
結婚否		他的姓名		任何工作	
何時入伍		在何地		怎樣來的	
家庭經濟狀況					
軍事上犯過什麼紀律結果如何					
過去參加過其他政治組織或黨派團體在何時何地何人介紹任何工作何時怎樣脫離					
參加過什麼軍隊何時何地入伍任何工作					
何時何地入過獄什麼原因何時怎樣出獄的					
為什麼要加入共產黨					
對目前政治形勢有何意見					
介紹人對他的意見及簽字					
小組會意見					
支委會意見					
支部審查討論結果					
總支討論與決定意見					
批准機關	1948.8.28				
備考					
轉正					

1948 年 8 月 28 日，支部大会通过其转为正式党员。

入党誓词的内容是："志愿加入中国共产党的组织，服从党章（，）缴（交）纳党费（，）无条件的（地）接受党分配给的工作，执行党的决议，服从党的纪律（，）保守党的秘密，不动摇不投降不怕困难，为无产阶级及民族解放奋斗到底。"

藏品十四

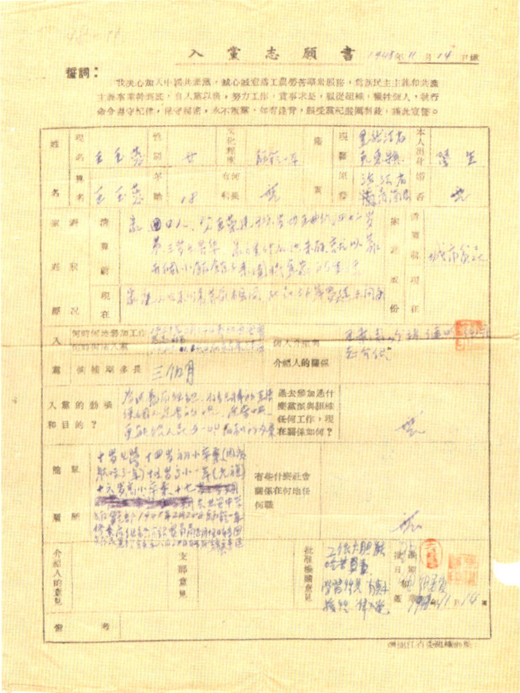

入黨志願書　1948年11月14日填

誓詞：

我決心加入中國共產黨，誠心誠意為工農勞苦群眾服務，為新民主主義和共產主義事業奮鬥到底，自入黨以後，努力工作，實事求是，服從組織，犧牲個人，執行命令，遵守紀律，保守秘密，永不叛黨，如有違背，願受黨紀嚴厲制裁，謹此宣誓。

这份入党志愿书的填表人为王玉蓉，女，18 岁，家里有父、母、弟共 4 口人，靠开小饭馆维生。她于 1948 年 2 月 24 日参加工作，1948 年 11 月 14 日在克东县干丰区，由王景周、张继明两位同志介绍入党，候补期 3 个月。

在“简单履历”一栏中她写道：10 岁上学，14 岁初小卒业（因病），15 岁上高小，16 岁高小卒业，17 岁去业安中学师范部；师范 1 年修业后，1948 年 2 月 24 日应组织介绍去贸易局，后转回克东民运部，该年 8 月 28 日转到该县干丰区。

在“入党的动机和目的”一栏中她表示：为过着有组织、有纪律的生活，使个人进步得快，进步快更能给人民办一些有利的事。批准机关意见中写道：工作大胆，能吃苦负责……准入党。该入党志愿书由黑龙江省委组织部制。

这份1948年12月29日的“入党志愿表”的填表人为王显红，其当时19岁，是大队部通讯班副班长，住在黑龙江绥棱一区富家村。从他的简历自述中可以了解到，他很小就开始务农，到了18岁人生开始转变。18岁上半年，他还在家种稻子，下半年就上了东北军政大学；1947年11月23日，他由东北军政大学归来；1948年4月17日，他经过动员参军。在“入伍动机”和“入党动机”栏内，王显红分别填写了“为人民服务”和“为人民彻底翻身而入党”。

他的党员候补期为半年，从1948年12月29日至次年6月29日。1949年6月30日，营党委批准他转为正式党员。

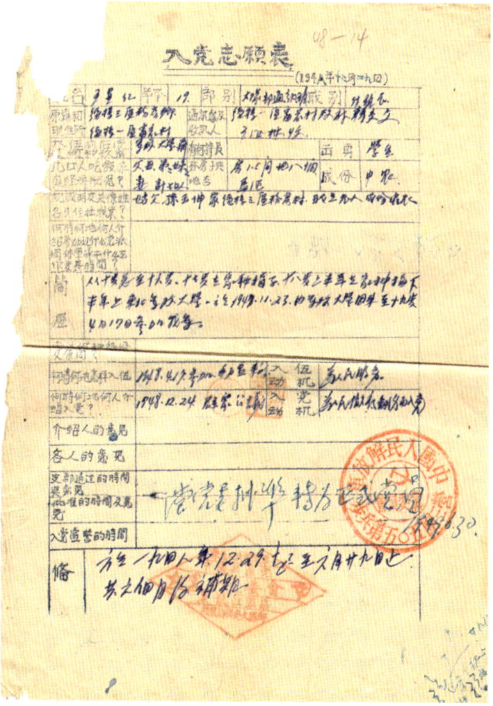
入党志愿表

藏品十六

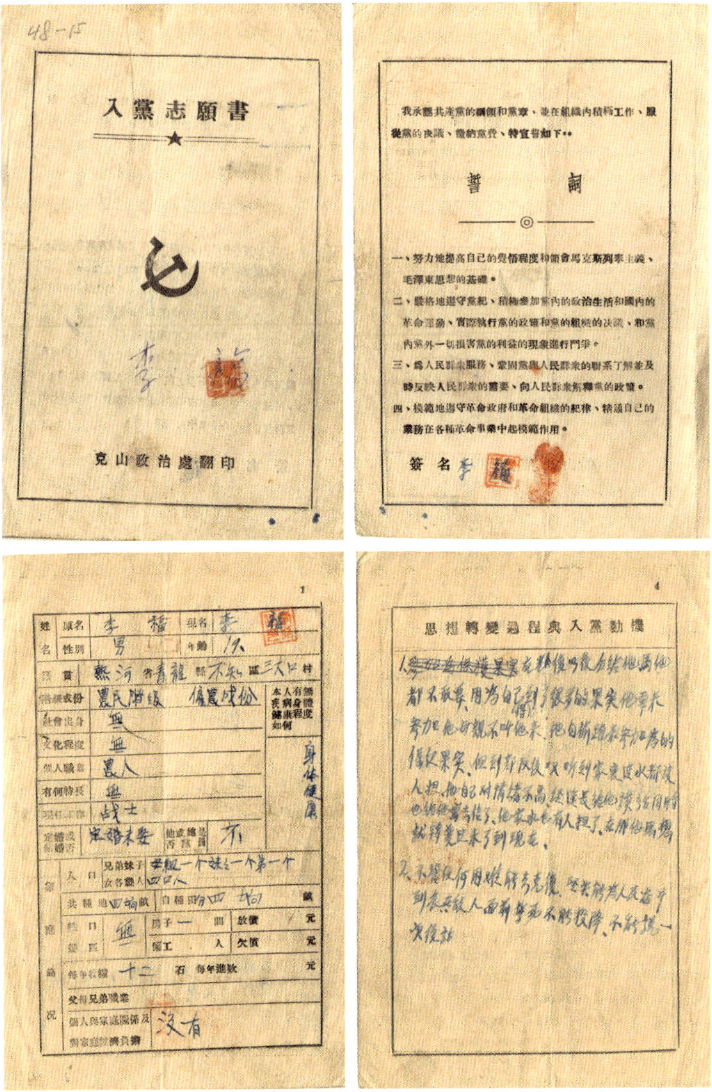

48-15

入黨志願書

李福

克山政治處翻印

我承認共產黨的綱領和黨章、並在組織內積極工作、服從黨的決議、繳納黨費、特宣誓如下：

誓詞

一、努力地提高自己的覺悟程度和領會馬克斯列寧主義、毛澤東思想的基礎。

二、嚴格地遵守黨紀、積極參加黨內的政治生活和國內的革命運動、實際執行黨的政策和黨的組織的決議、和黨內黨外一切損害黨的利益的現象進行鬥爭。

三、為人民群眾服務、鞏固黨與人民群眾的聯系了解並及時反映人民群眾的需要、向人民群眾解釋黨的政策。

四、模範地遵守革命政府和革命組織的紀律、精通自己的業務在各種革命事業中起模範作用。

簽名 李福

1

姓名	原名	李福	現名	李福	
	性別	男	年齡	19	
籍貫	熱河省青龍縣不知區三大口村				
階級成份	農民階級 僱農成份				本人有無疾病身體健康程度如何
社會出身	無				身体健康
文化程度	無				
個人職業	農人				
有何特長	無				
現任工作	战士				
定婚或結婚否	定婚未娶	他或她是否黨員	不		

家庭經濟狀況	人口	兄弟妹子女各幾人	母親一个妹々一个弟一个 四口人	
	共種地四垧畝	自種田四垧畝		
	牲口 無	房子一間	放債 元	
	傢具	僱工 人	欠債 元	
	每年收糧十二石	每年進款 元		
	父母兄弟職業			
	個人與家庭關係及對家庭經濟負擔	沒有		

4

思想轉變過程與入黨動機

[illegible]

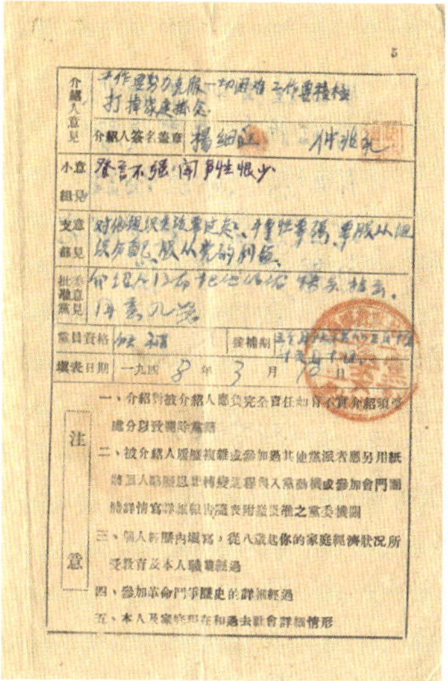

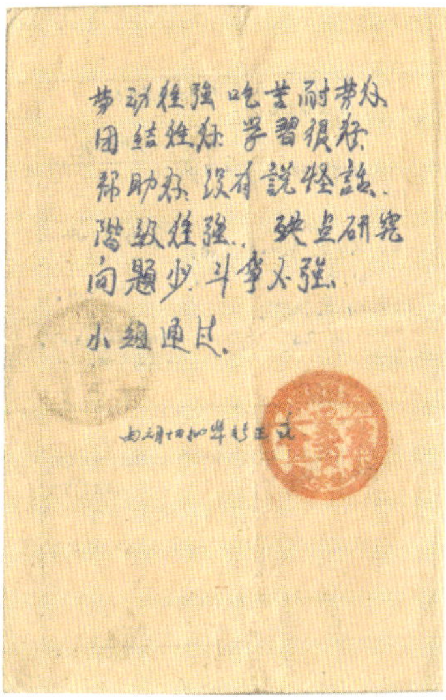

劳动姓强 吃苦耐劳好
团结姓好 学习很好
帮助好 没有说怪话
阶级姓强 缺点研究
问题少 斗争不强
小组通过
由六月十四日批准转正式

这份入党志愿书由克山政治处翻印，填表人为 19 岁战士李福，籍贯热河青龙，家有母亲、弟、妹共 4 口人，有 4 垧地、1 间房，每年收粮 12 石。

他写道：母亲不让，是自己为保卫胜利果实，偷偷跑来参了军；但到部队以后，又听说家里连水都没人担，自己情绪不高；经连长谈话，同时也给村里去信，家里的水有人担了，从那时起自己的思想就转变过来了。并表示不管任何困难他都能去克服，坚决为人民奋斗到底，敌人面前誓死不能投降。

“支部意见”栏提出“对他组织生活要过起，斗争性要强，要服从组织分配，服从党的利益”。

填表日期为 1948 年 3 月 10 日。正文后的纸上有以下文字：“劳动姓（性）强，吃苦耐劳好，团结姓（性）好，学习很好，帮助好，没有说怪话，阶级姓（性）强……小组通过。由六月十四日批准转正式。”

藏品十七

这份入党志愿书的填表人为张万和，28 岁。他家中有 7 口人，地 5 至 6 亩，牛 2 头，房 2 间。他自述 12 岁放猪，13 岁至 14 岁放马，15 岁至 26 岁扛活，27 岁扛活半年以后入县大队赶车。他表示“因从小扛活受到压迫，现不受压迫而为人民翻身服务”。介绍人认为他吃苦耐劳，办事忠实可靠，思想正确有信心。“支部的意见”一栏写道：看他能吃苦耐劳、团结人好，支部通过。

张万和的党员候补期为半年，从 1948 年 6 月 16 日至 1948 年 12 月 16 日。“备考”一栏表明，1949 年 1 月 6 日，团党委准他转为中共正式党员。

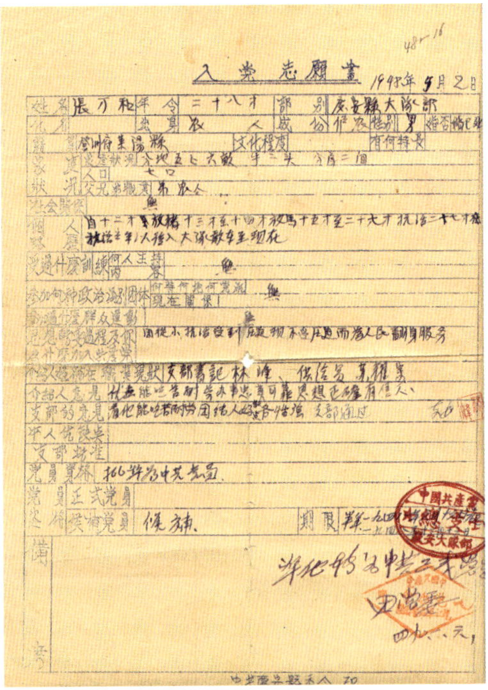
入党志願書

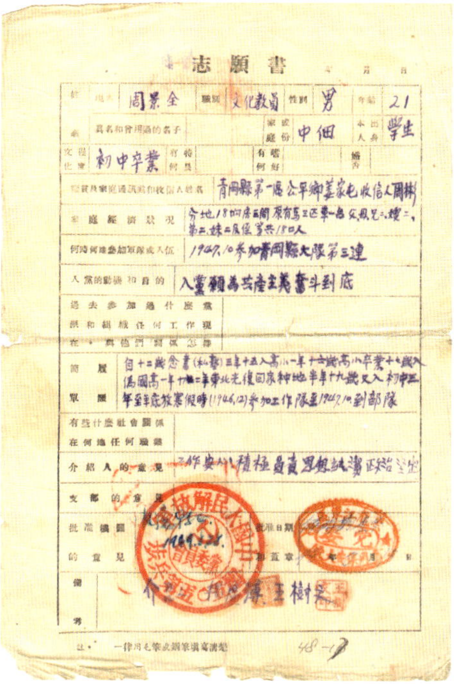
志願書

姓名	周景全	職別	文化教員	性別	男	年齡	21
真名和曾用過的名子				家庭成份	中佃	本人出身	學生
文化程度	初中卒業	有何特長		有何嗜好		婚否	
籍貫及家庭通訊處和收信人姓名	青岡縣第一區公平鄉姜家屯收信人周桝						
家庭經濟狀況	分地18晌房三間原有馬三匹車一台 父母兄二嫂二、弟二妹二及侄等共18口人						
何時何地參加軍隊或入伍	1947.10参加青岡縣大隊第三連						
入黨的動機和目的	入黨願為共產主義奮斗到底						
過去參加過什麼黨派和組織任何工作現在與他們關係怎樣							
簡歷	自十二歲念書(私塾)三年十五入高小一年十六歲高小卒業十七歲入偽國高一年十八歲二年東北光復回家种地半年十九歲又入初中三年至年底放寒假時(1946.12)参加工作隊至1947.10到部隊						
有些什麼社會關係在何處任何職務							
介紹人的意見	工作安心、積極負責、思想純潔、政治堅定						
支部的意見							
批准機關的意見	候補期一年 1949.6.26			批准日期和蓋章	48年8月18日		
備考	介紹人 楊廣博 王樹文						

註：一律用毛筆或鋼筆填寫清楚

这份“志愿书”的填表人为21岁的文化教员周景全，学生出身，初中卒业。其家有父母兄嫂弟妹等18口人，分地18垧、房3间，原有马3匹、车1台。在“何时何地参加军队或入伍”一栏中他写道：1947年10月参加青冈县大队第三连。关于“入党的动机和目的”，他表示：入党愿为共产主义奋斗到底。

介绍人认为他工作安心、积极负责、思想纯洁、政治坚定。“批准日期和盖章”栏中字迹为“候补期一年”与“（19）48年8月18日”，并盖有“黑龙江军区青冈保安大队党委”印章。1949年6月26日他被批准转正。“备考”一栏中有介绍人杨广博与王树文的签名和印章。这份“志愿书”的底部还注明了“一律用毛笔或钢笔填写清楚”。

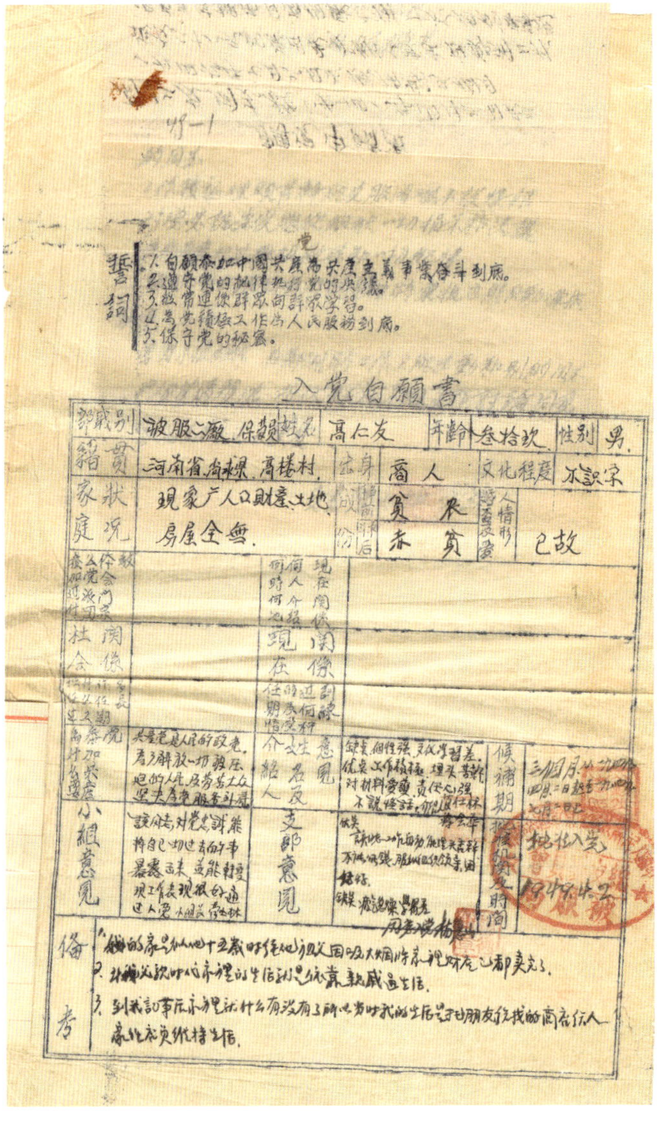

誓詞

1. 自願參加中國共產黨為共產主義事業奮斗到底。
2. 遵守党的紀律執行党的決議。
3. 經常連係群眾向群眾学習。
4. 為党積極工作為人民服務到底。
5. 保守党的秘密。

入党自願書

部職别	被服二廠 保管員	姓名	高仁友	年齡	叁拾玖
性别	男				
籍貫	河南省尚稞 高楼村	出身	商人	文化程度	不識字
家庭狀况	現家广人口財產土地房屋全無	成份	貧農 / 赤貧	人情形	已故

备考

1. 我的家是从他十五岁时往他的父因吸大烟将家里财产已都卖完了。
2. 我家父就时候在家里的生活都是依靠亲戚过生活。
3. 到我记事后家里就什么有没有了，所以当时我的生活是由朋友给我的商店的人家作衣负维持生活。

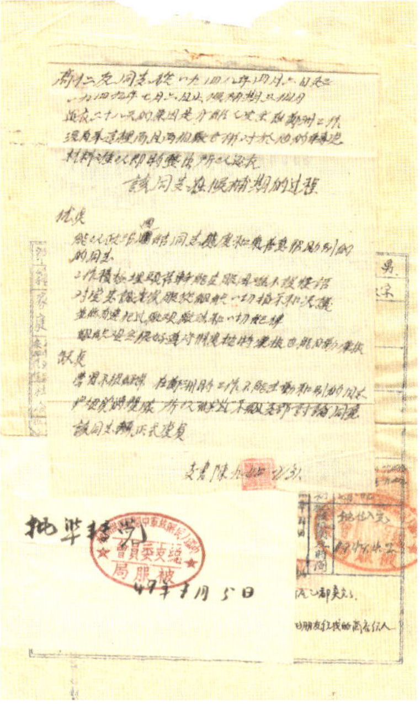

这份1949年的“入党自愿书”的填表人为高仁友，系当地被服二厂保管员，39岁，不识字，商人出身，斗争前成分为贫农，斗争后成分为赤贫。

对“为什么要参加共产党”，他表示：共产党是人民的政党。为了解放一切被压迫的人民及劳苦大众，坚决为党服务到底。其入党介绍人为菅仕林（或为管仕林）与蒋会华。作为党小组长的菅仕林（或为管仕林）在“小组意见”栏中写道：该同志对党忠诚，能将自己一切过去的事暴露出来，并能转变，现工作表现很好，通过入党。

“支部意见”栏中，写明该同志的优点是工作主动，能埋头苦干，不讲价钱，服从组织领导，团结好；同意其入党，并有杨德山的签名及盖章。“批准机关及时间”一栏则有“批准入党。1949.4.2”字样，加盖被服局总支委员会的印章。其党员候补期为3个月。

通过末尾的“备考”一栏可知，高仁友15岁时，因他祖父吸大烟，将家产都卖完了；到了其父亲那代，家中生活要依靠亲戚；从他记事起，家里就什么都没有了，后来只能托朋友找了份店员的工作来维持生活。

藏品二十

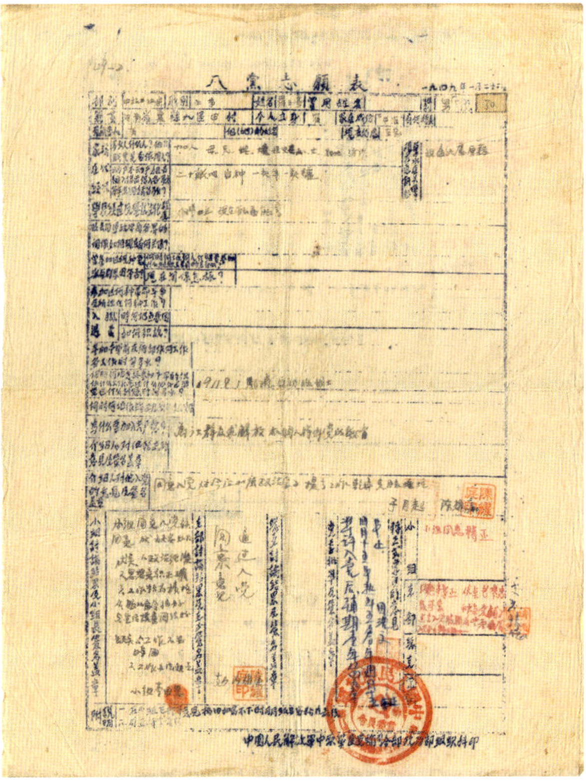
入黨志願表

这份1949年1月22日的“入党志愿表”的填表人为罗玉亭，男，30岁。其部别为中站警卫连，职别为上等，家庭成分为下中农。据他介绍，家中有母亲、兄嫂等12口人，职业为种地、纺纱等；有20亩地自种，还有1头牛、1头驴。他上过4年小学，能看能写，于1948年1月在河南鄢陵参军。

其入党介绍人为于月起、陈耀庭。小组讨论同意其入党，指出他的优点是政治纯洁、思想意识正确、工作较为积极、服从命令很好、生活

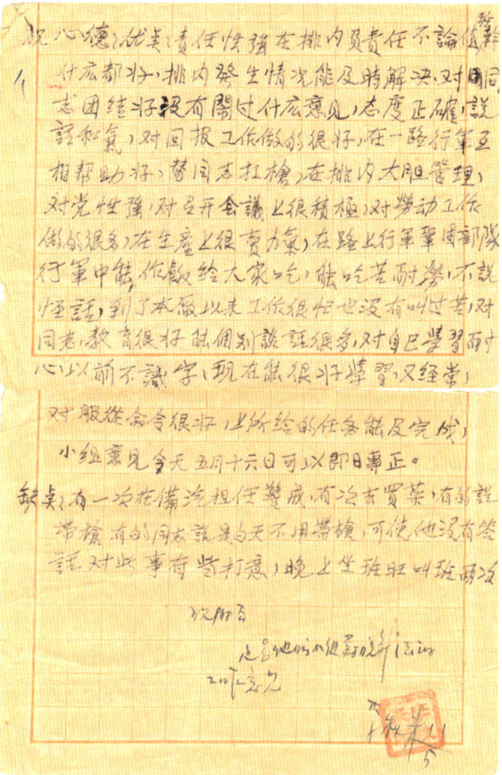
良心德，优点，责任性强在排内负责任不論值幹
什么都好，排内发生情况能及時解决，对同
志团结好没有鬧过什么意见，态度正確，說
話和氣，对回报工作做的很好，在一路行軍互
相帮助好，替同志扛槍，在排内大胆管理，
对党性强，对召开会議上很積極，对劳动工作
做的很多，在生產上很賣力氣，在路上行軍單個部隊
行軍中能作飯给大家吃，能吃苦耐劳，不說
怪話，到了本廠以来工作很忙也沒有叫过苦，对
同志，教育很好能個別談話很多，对自己学習耐
心以前不識字，现在能很好学習，又经常
对服從命令很好，上级给的任务能及完成，
小组意见今天五月十六日可以即日轉正。
缺点，有一次在備汽担任警戒，有次去買菜，有的說
带槍，有的同志說是白天不用带槍，可使他沒有答
話对此事有些打意，晚上坐班站岗班前没

朴素团结好。该栏由李国恩签名盖章。支部同意小组意见，通过其入党，支书陈耀庭签名盖章。“党委批准及签名盖章”一栏填写内容为：准许入党，候补期 1 年，从 1949 年 4 月 15 日起到 1950 年 4 月 15 日止。田洗文签名盖章并加盖党委公章。

该表由中国人民解放军中原军区运输司令部政治部组织科印，底部附有说明，表示在小组支部的意见格内写不下时，可用纸另写粘在表后，并要求用正楷字填写。

藏品二十一

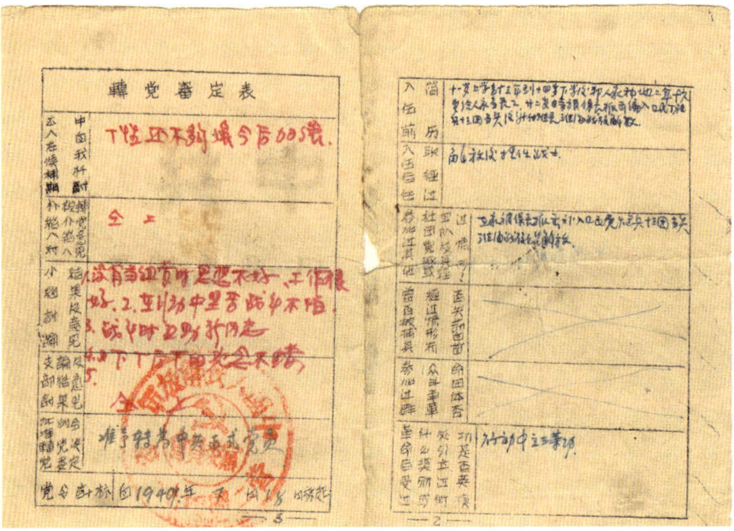
轉党審定表

准予转为中共正式党员

这份“转党审定表”的填表人杜德全上过私塾，种过地，当过长工，22岁时被保长派出编入国民党炮兵十三团当兵，后任副班长直至淮海战役胜利，参加革命后曾立三等功。他表示家中很穷时受过地主与保长的压迫剥削，“如不参加共产党，仇是始终不能报，所以坚决跟着共产党，使穷人得到解放”。“上级给我任何任务自己有决心完成，吃苦耐劳不怕疲劳，与同志们加强友爱团结，战斗时英勇顽强，不怕牺牲。”

“转党审定表”一页共有6栏内容。其中候补期自我检讨为“党性还不够强，今后加强”；“小组讨论结果及意见”栏中写着“没有当组长时思想不好，工作很好”“在行动中坚（艰）苦战斗不怕”“战斗时互助新同志”等评价；党委会决定“准予转为中共正式党员”，党龄自1949年7月18日算起。

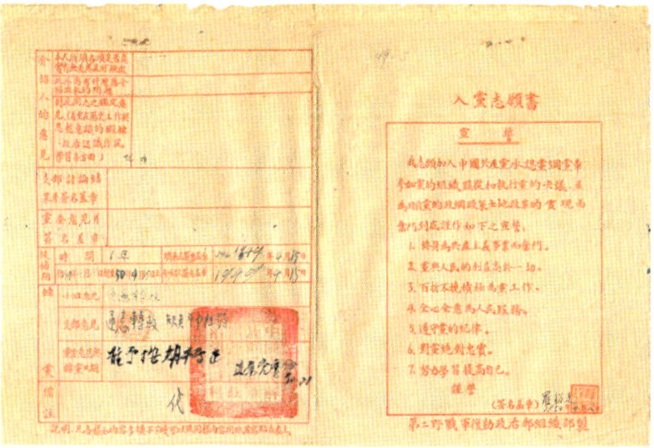
入黨志願書

宣誓

第二野戰軍後勤政治部組織部製

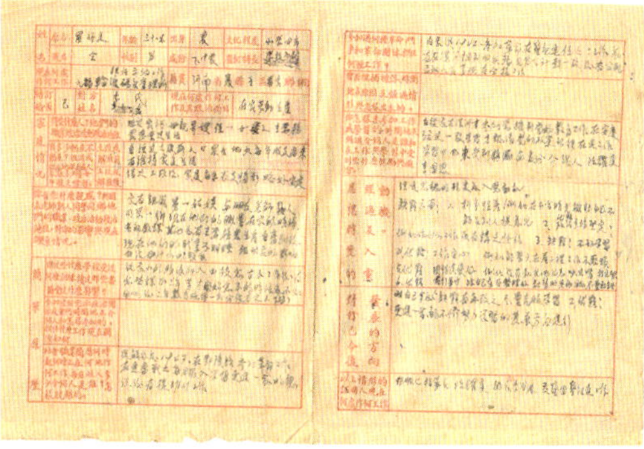

第二野战军后勤政治部组织部制发的这份入党志愿书为绵纸，红色油墨印制。填表人罗裕廷当时 31 岁，在九龙轮渡码头管理所任出纳。其全家以农为主，“土改”后生活比较安定。

1947 年，他在河南鄢陵参加革命工作，任警卫连上士；后又在漯河调至四兵站做了一段时间见习会计，在此受到了党的教育；还去安庆学习，认清了党的政策纪律，这段经历证明人系陈耀庭、李国恩。

值得一提的是，该志愿书的“转党”栏部分，“党委意见与转党日期”一项中写着“准予按期转正”，落款是“直属党委会”，时间是 1950 年，并加盖了“中国人民解放军中南军区运输部政治部组织科”的方形红色印章，其左下方用钢笔写了一个“代”字。这说明当时中南军区运输部直属党委会可能没有自己的印章。

藏品二十三

这份入党志愿书页数比较多，由中国人民解放军华东野战军山东兵团政治部组织部印制。封面上尤为醒目的是一面党旗，其左上角有五角星和以镰刀、锤头组成的党徽图案；党旗下方依次为“部别：313团一营连”“职别：战士（机枪手）”“姓名：贺连生”“1949年4月12日填于史家营”。扉页载有“说明”，封底明确了党员的义务与权利。

该入党志愿书的填表人贺连生当时19岁，籍贯河南商丘县沙李集，读过4年书，家庭成分为中农。他在15岁时“被人约着去当兵”，加入解放军队伍是在“1948年9月济南起义”后。

对于入党原因，他填写道：为了彻底打垮反动派，为90%的工人农民求翻身解放，自己坚决革命到底！其入党介绍人为高星耀、田介贵。经过半年候补期，

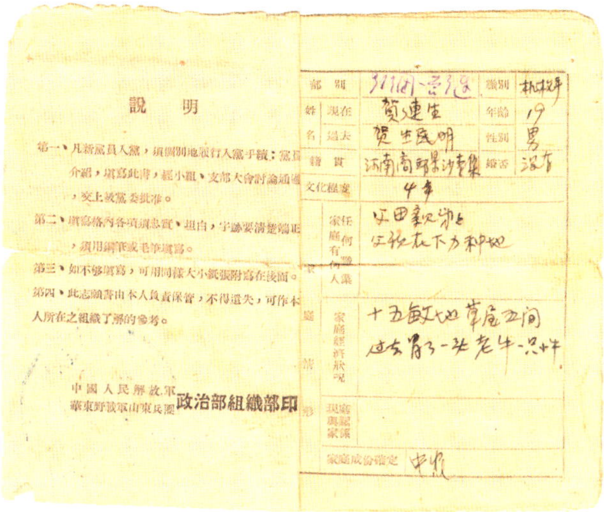

說　明

第一、凡新黨員入黨，須個別地履行入黨手續：黨員介紹，填寫此書，經小組、支部大會討論通過，交上級黨委批准。

第二、填寫格內各項須忠實、坦白，字跡要清楚端正，須用鋼筆或毛筆填寫。

第三、如不夠填寫，可用同樣大小紙張附寫在後面。

第四、此志願書由本人負責保管，不得遺失，可作本人所在之組織了解的參考。

中國人民解放軍華東野戰軍山東兵團政治部組織部印

部別				職別	
姓名	現在	賀連生		年齡	19
	過去	賀生民明		性別	男
籍貫		河南商邱		婚否	沒有
文化程度		4年			
家庭情形	家庭有何人任何職業				
	家庭經濟狀況	十五畝地　草房五间			
	現與家庭聯繫				
家庭成份確定		中农			

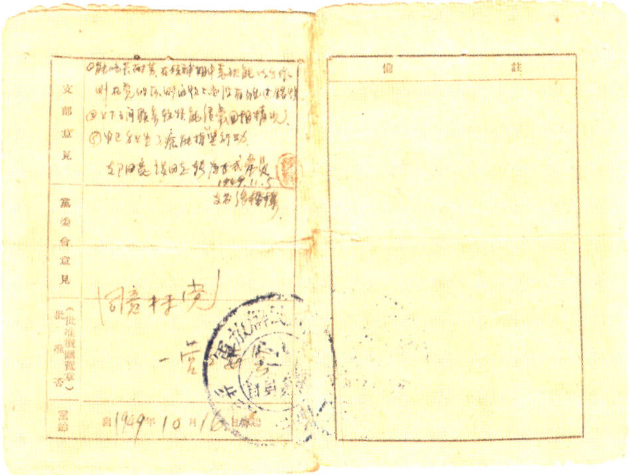

支部意見	1949.11.5
黨委會意見	
批准（批准機關蓋章）	同意轉党
黨齡	自1949年10月16日起

備　註

支书张栋樑代表党支部签写了对贺连生的 3 条意见，包括能吃苦耐劳、以身作则、在党的原则问题上尚没有犯过错误等。营党委会同意其转正，党龄自 1949 年 10 月 16 日算起。

藏品二十四

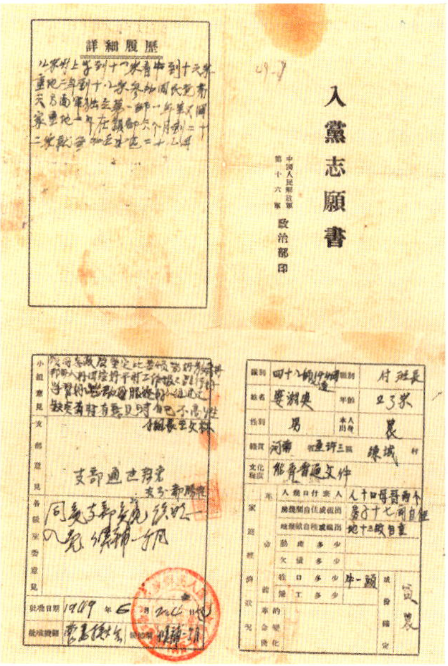

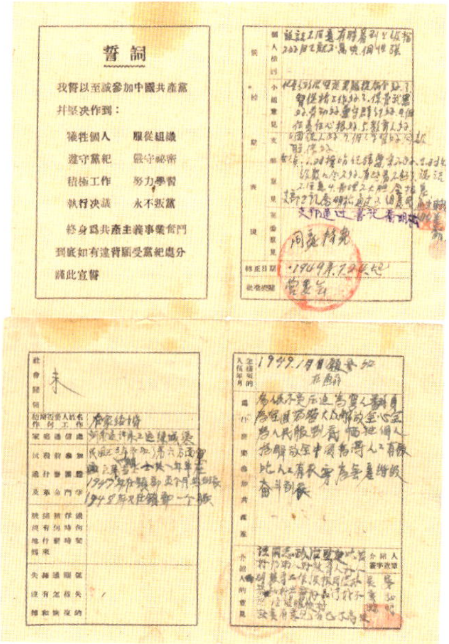

这是一份由中国人民解放军第十六军政治部印制的入党志愿书。填表人娄渊奥时任四十八师一四四团七连副班长，23 岁，农民出身，能看懂普通文件。

其详细履历在封底，从中可得知他 8 岁上学，11 岁看牛，16 岁种地，18 岁参加国民党第六方面军独立第一师，当兵 1 年半后又回家种地 2 年。1949 年 1 月，他在河南通许自愿入伍。对于为何要参加共产党，他写道：为人民不受压迫，为穷人翻身，为全国劳苦大众解放，全心全意为人民服务到底，牺牲个人，为解放全中国，为得人人有饭吃，人人有衣穿，为无产阶级奋斗到底。

1949 年 6 月 24 日，营党委扩大会批准他入党，候补期 1 个月；1949 年 7 月 24 日，营党委会“同意转党（正）”。

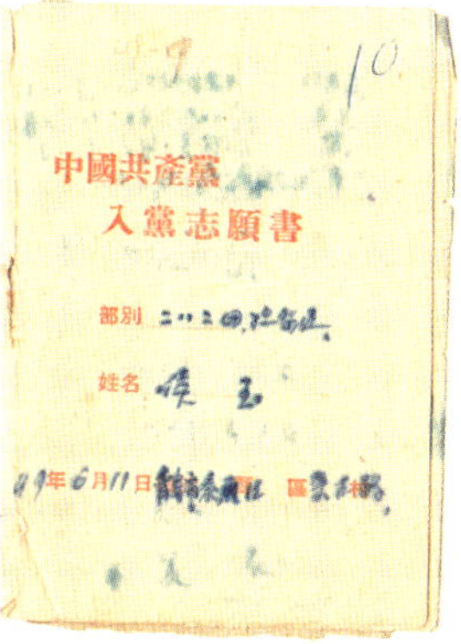
中國共產黨
入黨志願書
部別
姓名 侯玉

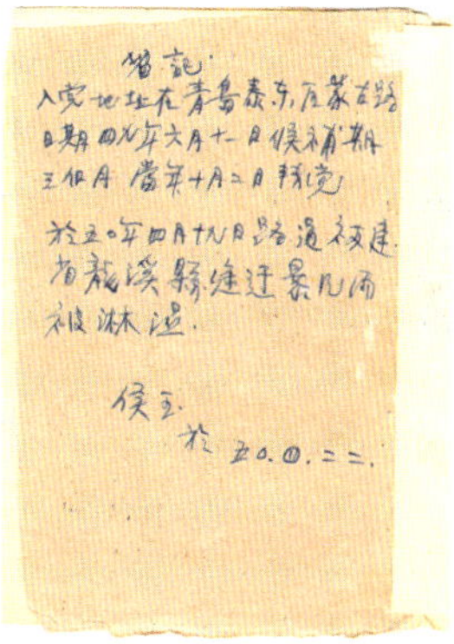
留記：
入党地址在青岛泰东区蒙古路
日期四九年六月十一日候補期
三個月 當年十月二日轉黨
於五0年四月十九日路過福建
省龍溪縣途遇暴風雨
被淋濕
侯玉
於五0.四.二二.

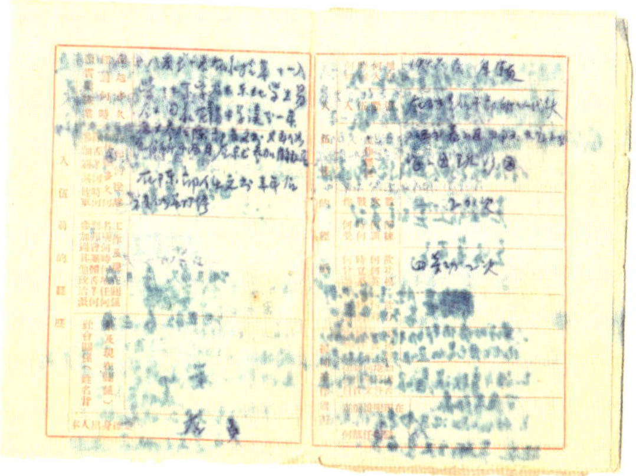

这是中国人民解放军第三十二军政治部组织部印、二八二团担架连担架员侯玉于1949年6月11日在青岛市泰东区蒙古路填写的入党志愿书。侯玉当时28岁，做过农活、上过学、到东北学过做生意。1947年他自愿加入解放军，是因为“自己在村里是干部，要起到带头作用”。至填写时为止，他经历了20次战斗，立四等功2次。入党动机是“今后能提高个人，更能给人们服务”。

介绍人与小组讨论均认为，他存在“爱面子”与“个人英雄主义”的不足需克服。经组织批准，其党员候补期从1949年6月11日开始，1949年10月2日转为正式党员。

值得注意的是，其后还附有侯玉留记，表示1950年4月19日，他路过福建龙溪途遇暴风雨，该入党志愿书被淋湿。

藏品二十六

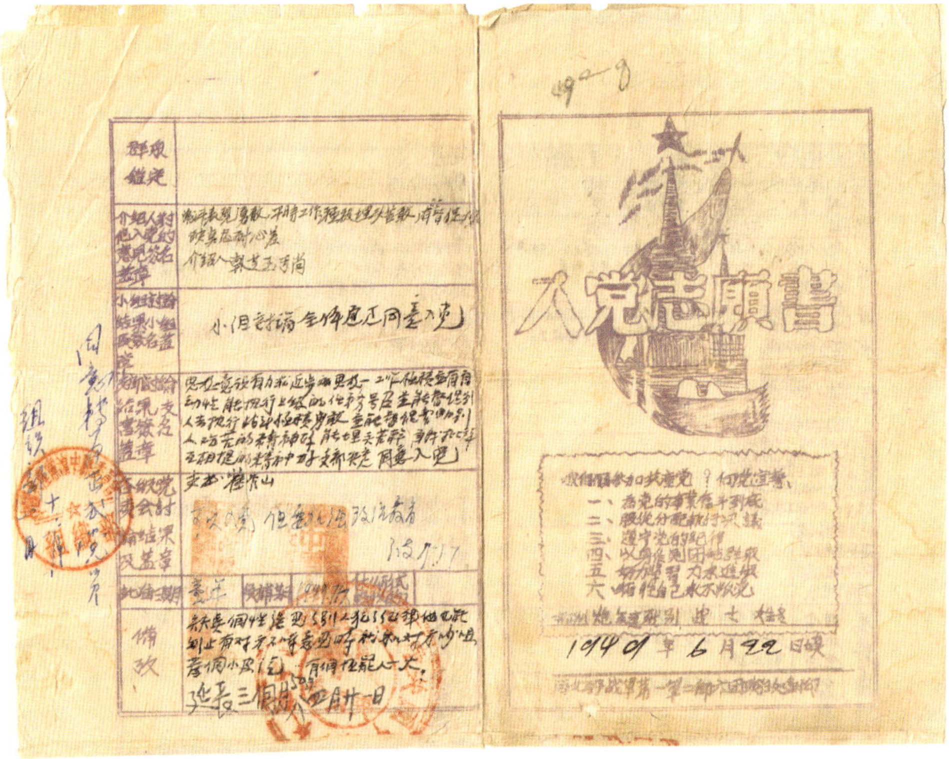

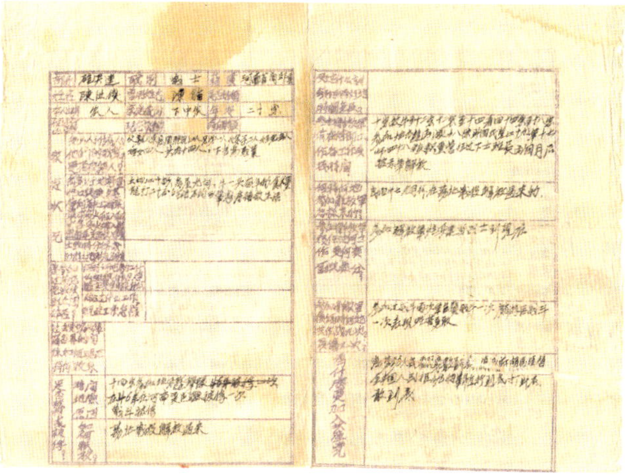

这是一份用蓝色油墨印制的入党志愿书。封面描绘了高耸入云的塔尖，顶部有五角星与冲向蓝天的飞机；映衬建筑的是蓝色的大海和航船。这是笔者收藏的入党志愿书中，封面设计最有意境的一份。

封面上有“部别：炮兵连”“职别：战士”字样，未写姓名，于1949年6月22日填写，底部注明由西北野战军第一军二部六团政治处翻印。

正文有3页。从基本情况介绍中可了解到，填表人叫陈世俊，河南商丘人，20岁。他14岁参加地方游击队，1946年在河南夏邑县被俘1次，18岁在国民党二十九军十七师四十八旅辎重营任下士班长。1948年9月荔北解放，他参加了解放军，在炮兵连当战士。

介绍人认为他战斗表现勇敢，平时工作积极、埋头苦干，但忍耐性差。“各级党委会讨论结果及盖章”一栏填写为“可以入党，但要加强政治教育”。其党员候补期被延长至1950年4月21日。而在正文第3页左侧中部，有湟中县委组织部“同意转为正式党员（，）组织部十二月 日”的批示，同时加盖了该组织部红色印章。

右手页图为桐柏军区第一分区政治部印制的入党志愿书。填表人为19岁的方德义，是五十八军一七四师卫生处看护。他9岁至13岁上学，14岁至18岁在祁义若堂村学中医，18岁参加解放军；入伍后受奖励1次、立小功1次。

在“为什么要加入共产党”一栏中他写道：“为全国人民澈（彻）底的（地）翻身，为建设新中国，为人民服务到底，为全国人民在（再）不受压迫，为打倒帝国主义、走到共产主义社会而奋斗到底。”

他认为：“现在全国以（一）定胜利了，地主老财不能压迫咱们穷人了。只有我们在努力前进，建设新社会。”

他的入党介绍人为李同春、刘孟坤，小组讨论认为“此同志有小资产阶级意织（识）”，师直党委会“同意入党，后（候）补期三个月”。在转正表中，支部讨论认为“该同志工作一贯积极，能起（带）头作用。曾选模范两次。同意转正”。其党龄自1949年10月6日开始计算。

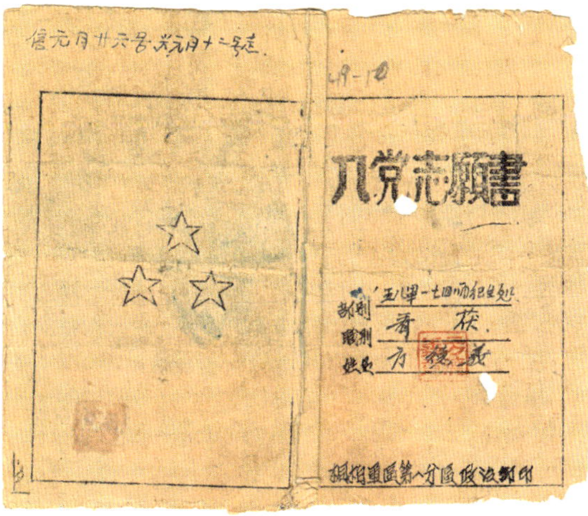
入党志愿書
部別
職別
姓名
桐柏軍區第一分區政治部印

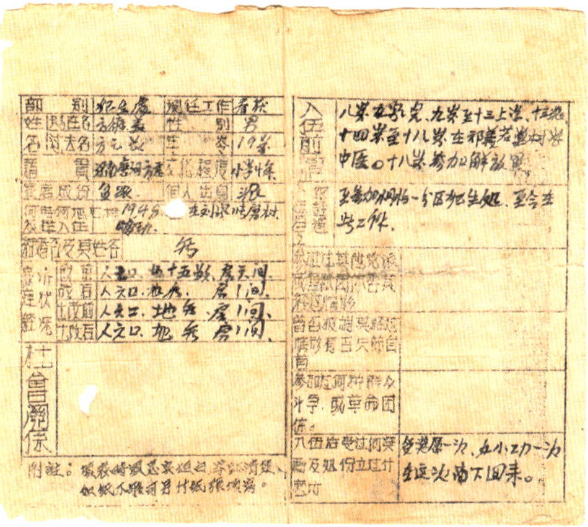
部別
現任工作
姓名
性別
年歲
籍貫
文化程度
家庭成份
個人出身
社會關係

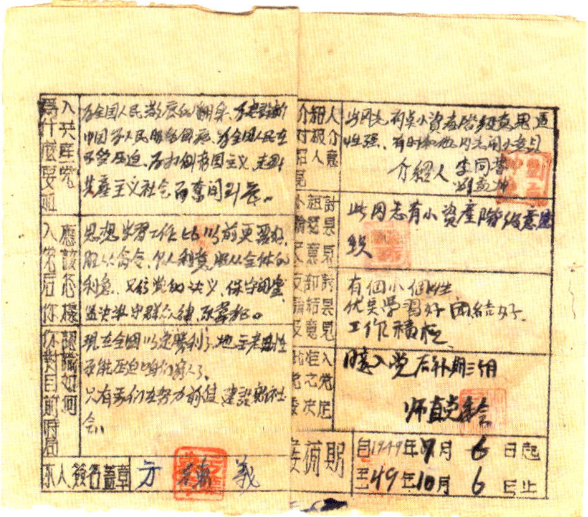
介紹人
候補期
入党後應該怎樣作

第一部分

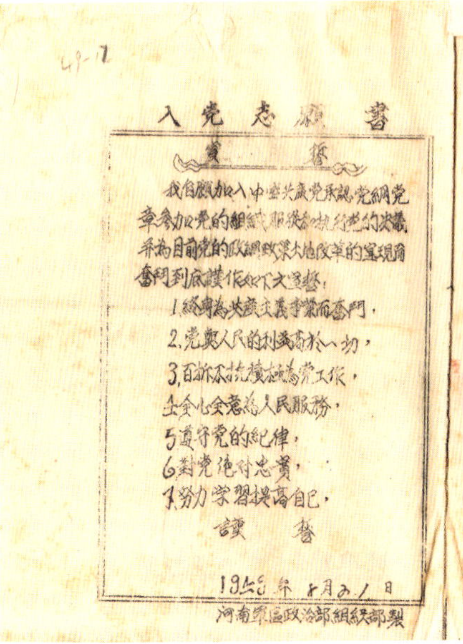

入党志愿书

宣誓

我自愿加入中国共产党承认党纲党章参加党的组织服从和执行党的决议并为目前党的政纲政策土地改革的实现而奋斗到底谨作如下之宣誓：

1.终身为共产主义事业而奋斗，

2.党与人民的利益高于一切，

3.百折不挠积极为党工作，

4.全心全意为人民服务，

5.遵守党的纪律，

6.对党绝对忠实，

7.努力学习提高自己，

谨誓

19[illegible]年8月21日

河南军区政治部组织部制

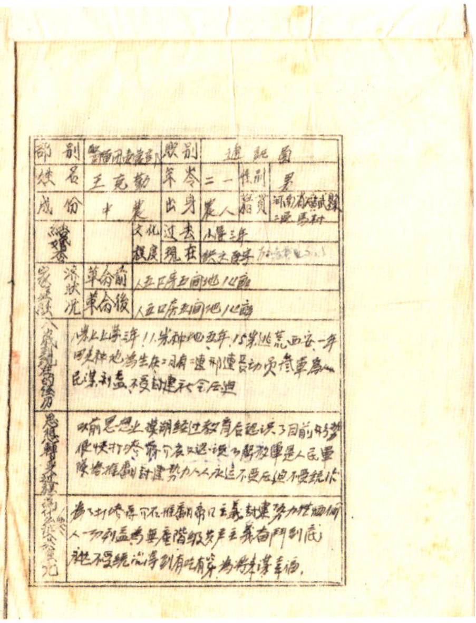

部别	[illegible]	职别	通讯员		
姓名	王克勤	年龄	二一	性别	男
成份	中农	出身	农人	籍贯	河南省[illegible]县[illegible]区马村
介绍人		文化程度 过去	小学三年		
		文化程度 现在	[illegible]		
家庭经济状况 革命前	人五口房五间地14亩				
家庭经济状况 革命后	人五口房五间地14亩				
八岁到现在的经历	八岁上小学三年，11岁种地五年，15岁逃荒西安一年回来种地为生[illegible]				
思想转变	以前思想上模糊经过教育后认识了目前[illegible]解放军是人民军队[illegible]封建势力[illegible]				
入党动机	[illegible]推翻帝国主义封建势力[illegible]人一切利益为无产阶级共产主义奋斗到底[illegible]				

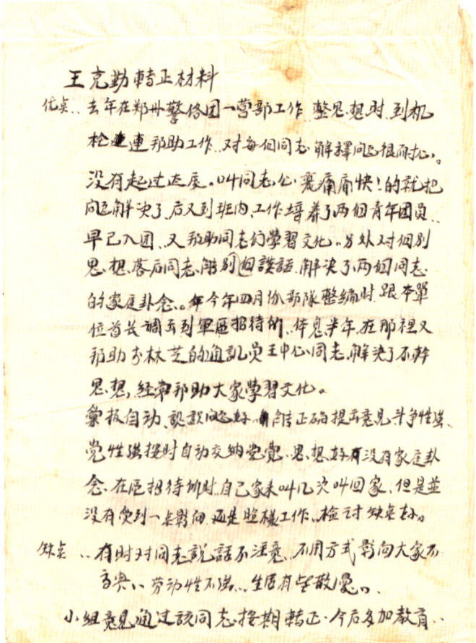

王克勤转正材料

优点：去年在郑州警备团一营部工作，整思想时，到机枪连帮助工作，对每个同志解释问题很耐心，没有起过态度，叫同志们“痛痛快快”的就把问题解决了。后又到班内工作培养了两个青年团员，早已入团，又帮助同志们学习文化。另外对个别思想落后同志，个别谈话，解决了两个同志的家庭挂念。在今年四月份部队整编时跟本单位首长调到军区招待所，休息半年，在那里又帮助了[illegible]的通讯员王中心同志解决了不少思想，经常帮助大家学习文化。

积极自动、执行政策好，能站正确提出意见，斗争性强、党性强，按时自动交纳党费，思想好，有没有家庭挂念，在区招待所时，自己家来叫几次叫回家，但是并没有受到一点影响，还是照样工作，检讨缺点好。

缺点：有时对同志说话不注意，不用方式影响大家[illegible]，劳动性不强，生活有些散漫。

小组意见通过该同志按期转正，今后多加教育。

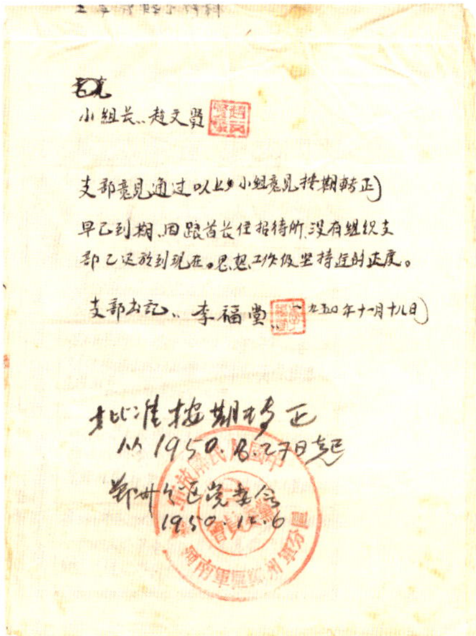

王克勤转正材料

[illegible]

小组长：赵文贤

支部意见通过（以上小组意见按期转正）

早已到期，因跟首长住招待所，没有组织支部，已延续到现在。思想、工作仍坚持正确态度。

支部书记：李福堂（一九五〇年十一月十八日）

批准按期转正

从1950.8.27日起

郑州分区党委会

1950.12.6

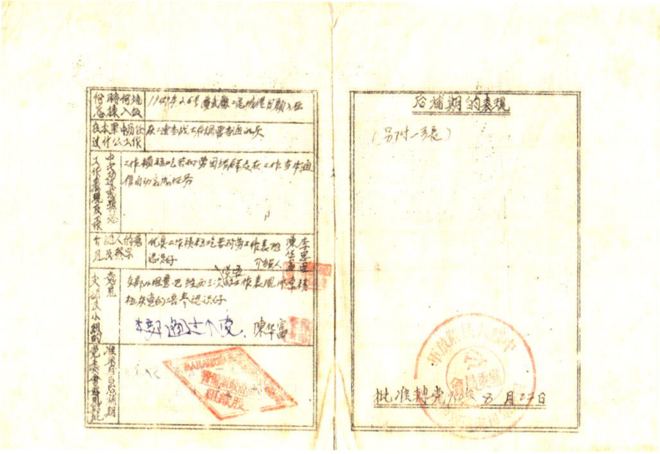

这是一份河南军区政治部组织部用绵纸印制的入党志愿书，填写时间为 1949 年 8 月 21 日，填表人为警备团一营部通讯员王克勤。与入党志愿书一道的还有其候补期转正材料。

王克勤是河南省广武县二区马村人，21 岁，家庭成分为中农，小学三年级文化，能读文件。1949 年 2 月 6 日他在广武县城自愿入伍，在二连当战士后调营部当通讯员。

他自述 8 岁开始上学 3 年，11 岁开始种地 5 年，15 岁逃荒西安，1 年后回乡以种地为生，“在 2 月有（由）二连邢连长动员参军，为人民谋利益，不受封建社会压迫”。在说明自我思想转变过程时他表示，“以前思想上模糊，经过教育后认识了目前形势……又认识了解放军是人民军队，为推翻封建势力，人人永远不受压迫、不受统治”。

介绍人陈华富、李思臣认为他工作积极，吃苦耐劳，表现与认识好。党委会意见为：同意入党。候补期 1 年，从 1949 年 8 月 27 日起。1950 年 12 月 6 日，郑州军分区党委员会批准王克勤按期转正，其党龄从 1950 年 8 月 27 日开始计算。

第一部分

藏品二十九

这份入党志愿书由第二野战军政治部制、十二军政治部翻印，1949年7月20日填写，填表人为侦三连的22岁战士吴应星。据他介绍，自己8岁放羊，13岁割草、砍柴、种地，18岁被“中央军”抓去当兵，后跑到半路上又被抓住，“干到渡江时被解放了”。

1949年6月，吴应星参加西南大进军。他写道：“因为中国共产党确实是为人民办事，为（把）全国、全世界劳苦群众从饥寒压迫下解救出来。我疼（痛）恨旧社会的封建势力与官僚资本，我坚决参加共产党，永远跟着毛主席走，达到共产主义社会。”

介绍人王树涛、申春生认为吴应星出身成分好，对革命事业认识好，工作一贯积极，斗争性强，立场稳，对个人问题不计较。营党委讨论批准其入党，候补期6个月，自1950年9月11日开始。1951年3月9日准予其转正。

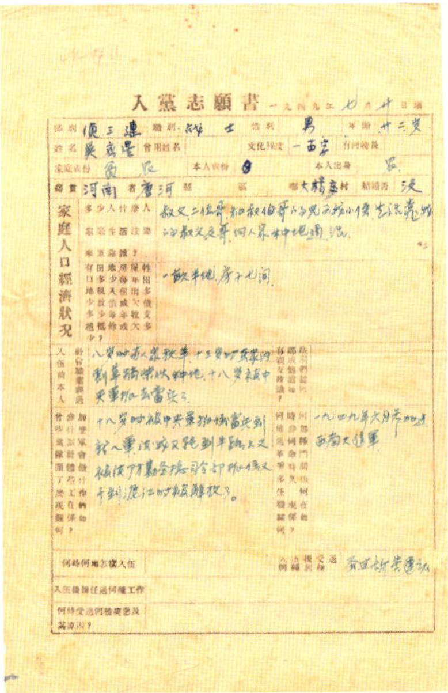

入黨志願書

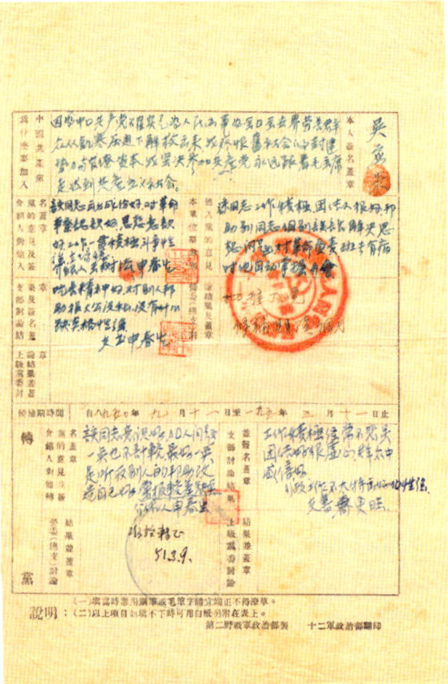

这份“党员入党志愿表”的填表人为27岁的机炮连战士张心芳，河南淮阳人，商人出身，识字，家有母亲、妻女共4口人，房2间，地3亩。

他于1949年8月12日入伍。其入党介绍人为燕俊英、樊维坤，支部意见是“现在工作积极，吃苦很强”。

“候补党员转党表”中注明他在1949年10月25日入党，候补期6个月。优点为工作积极、有热情，能克服困难，斗争性强，等等。“审批机关”一栏中写有“准予五月二十五（日）转为正式共产党员”，签名盖章人为牛乃迎。

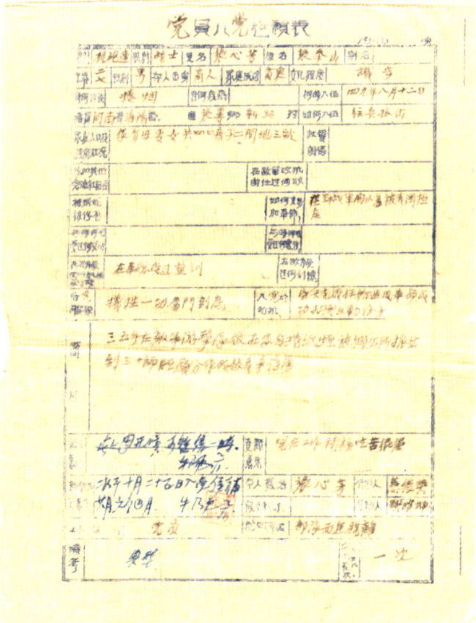
党員入党志願表

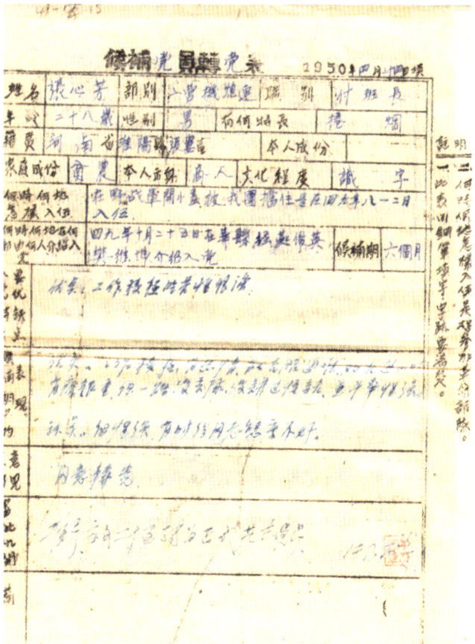
候補党員轉党表

藏品三十一

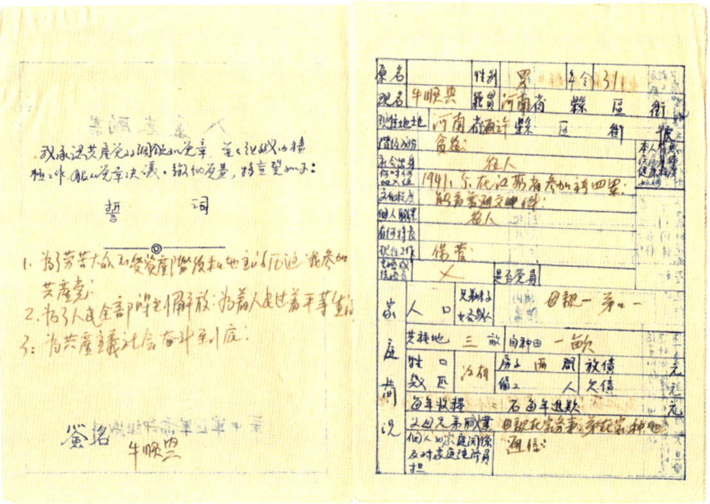

这份入党志愿书由华中军区军需部组织科手工复写，填表人牛顺兴手写誓词，内容是：“1. 为了劳苦大众不受资产阶级和地主的压迫，我参加共产党！ 2. 为了人民全部得到解放！为着人民过着平等生活！ 3. 为共产主义社会奋斗到底！”

填表日期为 1949 年 10 月 8 日。牛顺兴，籍贯河南通许，农民出身。他在“个人略历”中写道：23 岁被抓壮丁，1941 年 3 月至 5 月间在国民党军队开小差，到江苏碰上新四军，就参加了，在独立四团任战士；28 岁到东北干部大队，从战士、排副到排长，后因“挂彩”转至鞋厂任保管员。

1946 年他曾经人介绍入党，候补期半年。后因他在工作中碰到土匪，“挂彩”严重，进医院休养。其间合作社负责人到前方，把他的组织关系失掉了。见到新战士都入了党，而自己这样多年还不是党员，所以他下决心努力工作学习，要求入党。

介绍人陶才福、王文义认为其团结好，能吃苦。“批准党委意见”为“布鞋厂分支委会同意支部意见入党，1949. 10. 9”，候补期 6 个月。

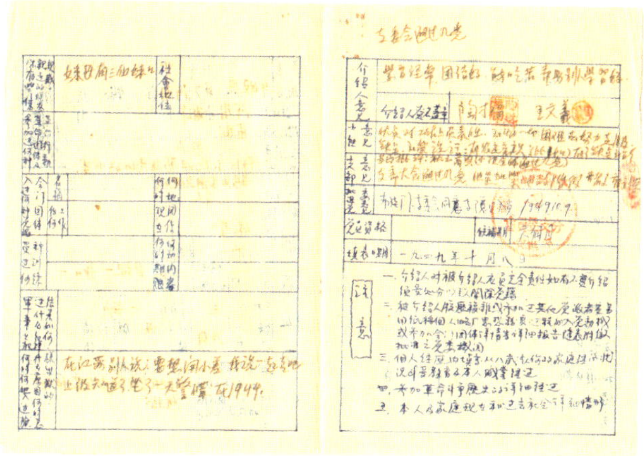

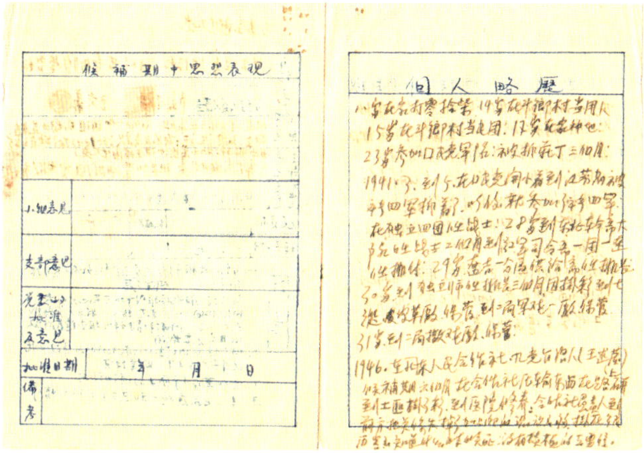

候補期中思想表現
小組意見
支部意見
批准日期 年 月 日
備考
個人略歷

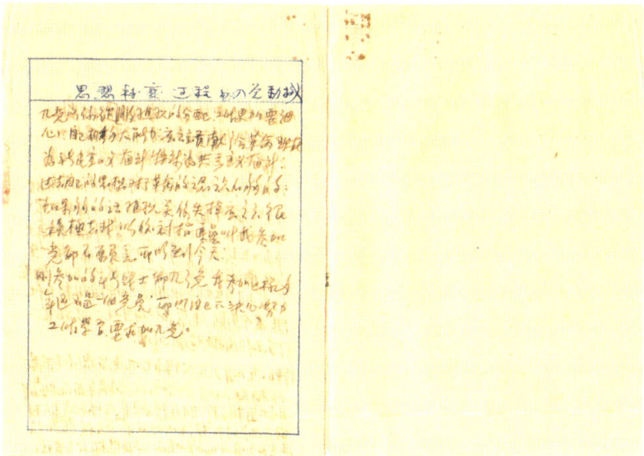

思想轉變過程和入黨動機

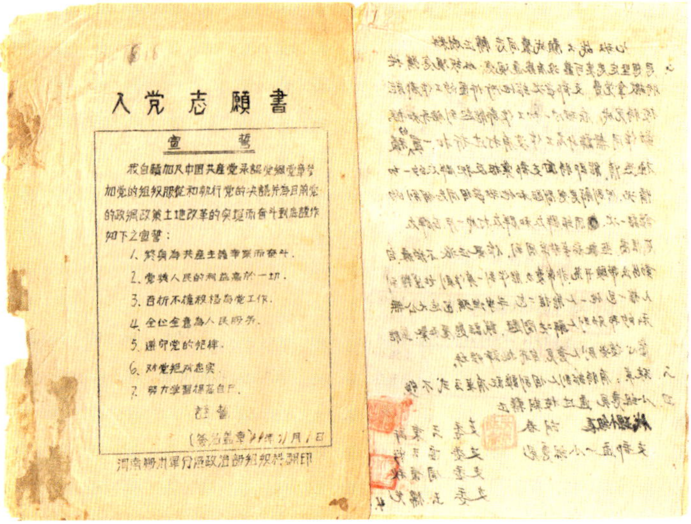
入党志願書

宣誓

我自願加入中国共産党承認党綱党章参加党的組织服從和執行党的決議并為目前党的政綱政策土地改革的实現而奋斗到底茲作如下之宣誓：

1、終身為共産主義事業而奋斗．

2、堅持人民的利益高於一切．

3、百折不撓積極為党工作．

4、全心全意為人民服务．

5、遵守党的紀律．

6、对党絕对忠实．

7、努力学習提高自己．

（簽名蓋章）49年11月1日

河南縱队軍分區政治部組织科翻印

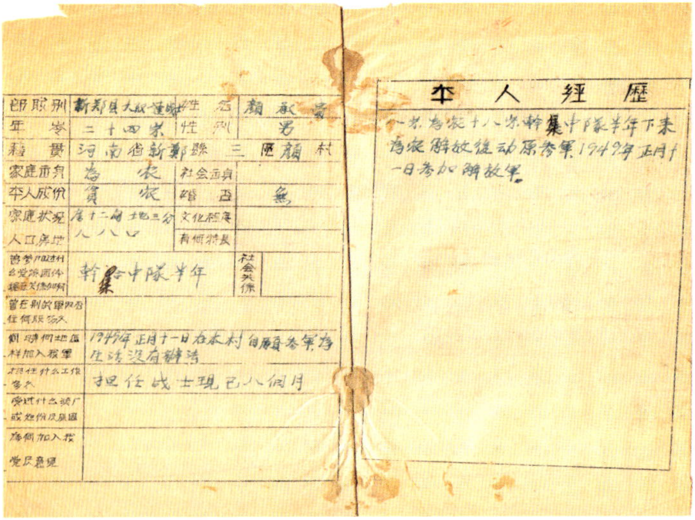
部职别	新郑县大队警卫班	姓名	顔献章
年岁	二十四岁	性别	男
籍贯	河南省新鄭縣 三區顔村		
家庭出身	為农	社会出身	
本人成份	貧农	婚否	無
家庭状况人口房地	房十二間 地三分 八八口	文化程度	
		有何特長	
曾参加过村乡党派团体組织关係如何	幹集合中隊半年	社会关係	
曾在别的軍队当任何職務			
何時何地因何故加入我軍	1949年正月十一日在本村自願参軍為生活没有辦法		
担任什么工作多久	担任战士現已八個月		
受过什么奖励或処分及原因			
介紹加入我党及意見			

本人經歷

一岁為农十八岁幹集中隊半年下來為农解放後动原参軍1949年正月十一日参加解放軍

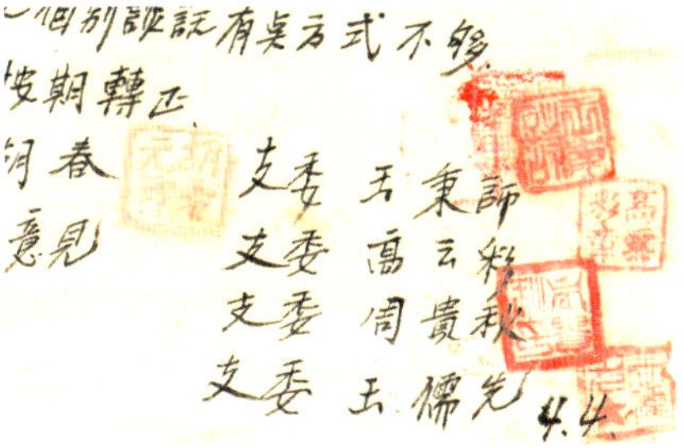
…個別認識有吳方式不够
按期轉正
胡春
意見
支委 王秉師
支委 高云彩
支委 周貴秋
支委 王儒光 4.4

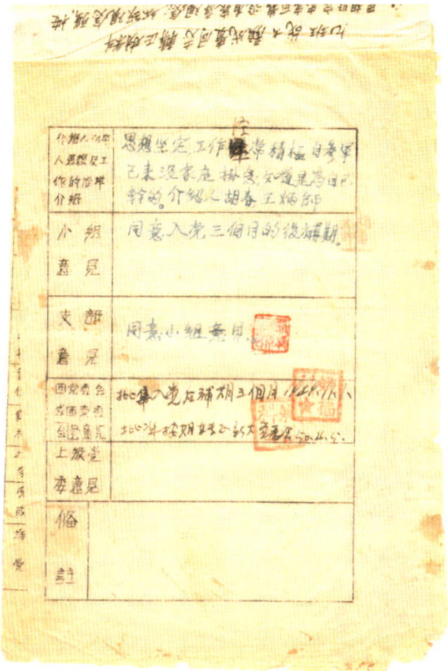

介紹人對本人思想及工作的審查介紹	思想堅定工作經常積極自參軍已來沒家庭掛念知道是為自已幹的 介紹人 胡春 王炳師
小組意見	同意入党三個月的候補期
支部意見	同意小組意見
團党委會或團支委員會意見	批准入党候補期三個月
上級党委意見	
備註	

这份入党志愿书的填表人为颜承贵，24岁，新郑县大队一连战士，籍贯河南新郑，家有房12间、地3分、人8口，贫农。

在“何时何地怎样加入我军”一栏中他填写道：1949年正月十一在本村自愿参军；在“担任什么工作多久”一栏他填写道：担任战士，现已8个月；在“本人经历”栏中他填写道：8岁为农，18岁干集中队半年，下来为农，解放后被动员参军，1949年正月十一参加解放军。

其入党介绍人胡春、王炳师认为他“思想坚定，工作经常积极，自参军已（以）来没家庭挂念，知道是为自己干的”。

“小组意见”为：同意入党，3个月的候补期。

“支部意见”为：同意小组意见。并盖章。

“团党委会或团支委员会意见”为：批准入党，候补期3个月，时间为1949年11月1日；1950年4月5日，该意见栏中加入“批准按期转正，新大党委会”字样。盖章人均为姚福科。

随入党志愿书有“九班战士颜成（承）贵同志转正材料”1份，文末为代理小组长胡春与4名支部委员签名，小组意见为“通过按期转正”。

藏品三十三

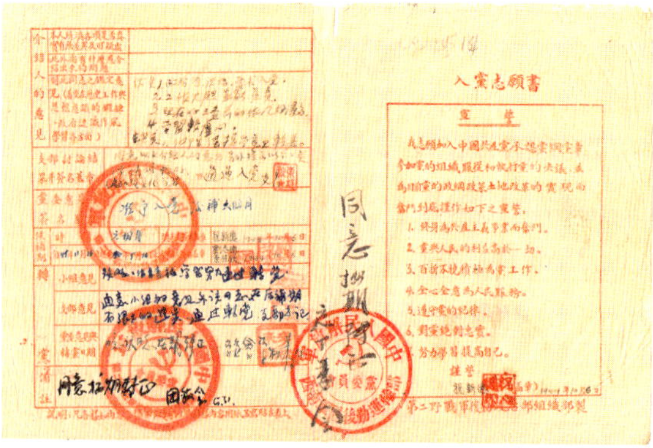

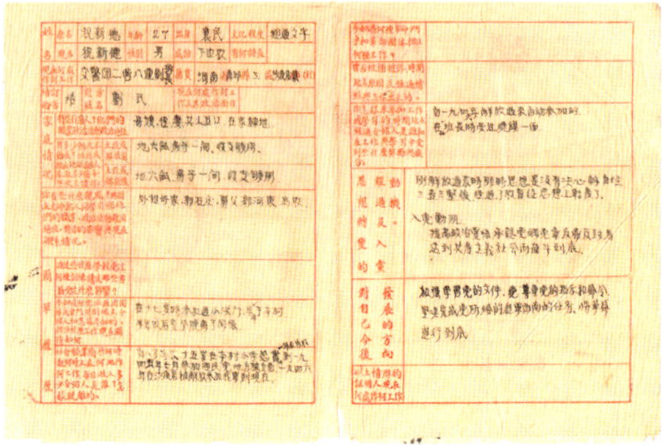

这份用土纸红色油墨印制的入党志愿书，填表人是27岁的祝新德，河南商丘人，交警团二营八连副排长。

在“简单履历”一栏中他写道：“自8岁为农，15岁在本村小学念书，一年后为农，到1945年7月参加国民党地方独立营。1946年在沙庚店被解放，参加我军到现在。在任班长时受过奖旗一面。”他坦言刚入伍时“思想是没有决心干的。自经三查三整后，经过了教育，从思想上转变了”。入党动机是“提高政治觉悟，承认党纲党章，反帝反封（建），为达到共产主义社会而奋斗到底”，并表示今后要“加强学习党的文件，尊重党的指示和命令，坚决完成党所给的进军西南的任务，将革命进行到底”。

经过半年候补期，团党委会在备注中表示“同意按期转正”并盖章，时间是1950年5月31日。

这份入党志愿书的填表人为杨纪林，又名杨继林，21 岁，五团一连第二正班长，籍贯平原延津，家中 6 口人。他曾“叫四十师抓去当兵 20 天”，1949 年 2 月“解放来受训，7 日道（到）部队”。

他自述 7 岁时父亲去世，母亲改嫁。自己 7 岁至 12 岁做小活，13 岁至 18 岁参加劳动，19 岁起又种地当雇工 2 年，识字 50 个。家中开始没有地，只有房 3 间，到后来有地 18 亩、房 12 间。

介绍人认为他“这次当战士很高兴，工作责任心很强，能起代（带）头作用”。

在“个人详细履历”一栏下方，有“按革命军人批准可以入党，后（候）补期半年。1949.12.18”的批复，盖团党委会印章。

1950 年 6 月 30 日，上级党委批准其转为正式党员。

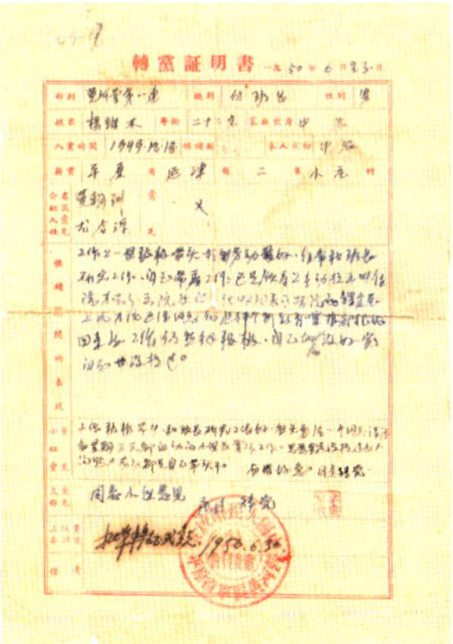

轉黨証明書

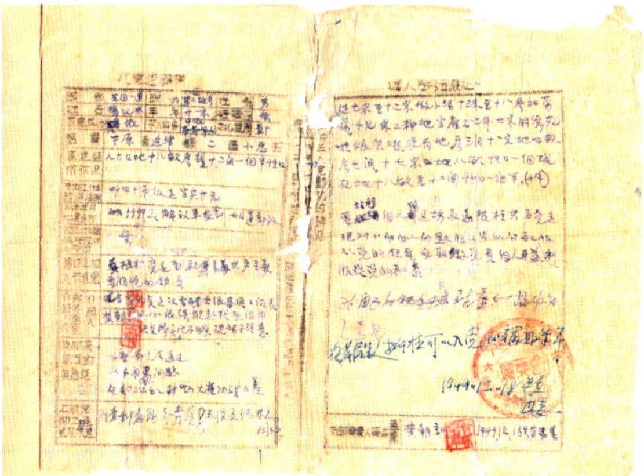

藏品三十五

这份入党志愿书的填表人为刘重清，29岁，独立二团警卫连文书，籍贯河南唐河。

其入伍前经历为：“小时上学，后学染匠，因拉夫二次才在保三旅当兵5个月，在广水解放才参加（我军）的。”“参军后就在警卫连当侦查（察）员，后提连部任文书之任（职）务”。

其入党动机是：“因知共产党是（为）人民负（服）务，领导工农阶级而奋斗，入党后，坚决为党负责（，）埋头苦干、发动群众，为全中国穷苦老百姓翻身而奋斗，帮助别个同志学习。”签名并按手印。介绍人是当时3年党龄的政治指导姬山柱、1年党龄的通信班副班长陈运才。

团党委批准其入党，候补期从1949年12月30日至1950年2月。

在“转党”栏中，经支部讨论“大家都很愿意，大家通过”，党委决定批准其转正。

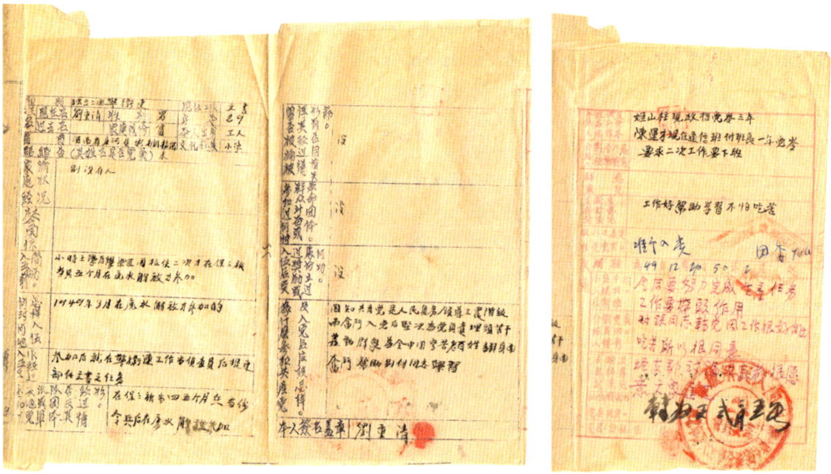

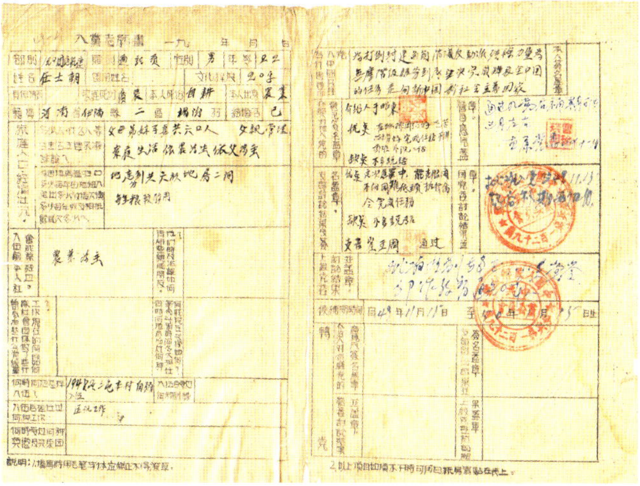
入黨志願書 一九 年 月 日

姓名 任士朝

性別 男

籍貫 河南省伊陽縣 二區

這份入党志愿书的填表人为任士朝，22 岁，一二九团通讯连通讯员。其籍贯河南伊阳，家中有 6 口人、6 亩地，2 间房、务农为生。1948 年 2 月自愿入伍，文化程度为识字 20 个。

他的入党动机是：为打倒封建剥削，消灭反动派残余力量，为无产阶级服务到底，坚决完成解放全中国的任务，走向新中国、新社会主义国家。

介绍人于昭东认为其“在班排团结好，吃苦耐劳好，完成任务不讲困难，不说二话”。支部讨论结果为：“优点：这次进军中，能克服困（难），不向困难低头，执行命令、完成任务。缺点：不多说话。通过。”支书崔立周签名盖章。

其党员候补期 2 个月，从 1949 年 11 月 15 日开始。后上级党委批准提前转正，从 1950 年 1 月 11 日开始计算党龄，并注明“支部作教育，通知本人”。

藏品三十七

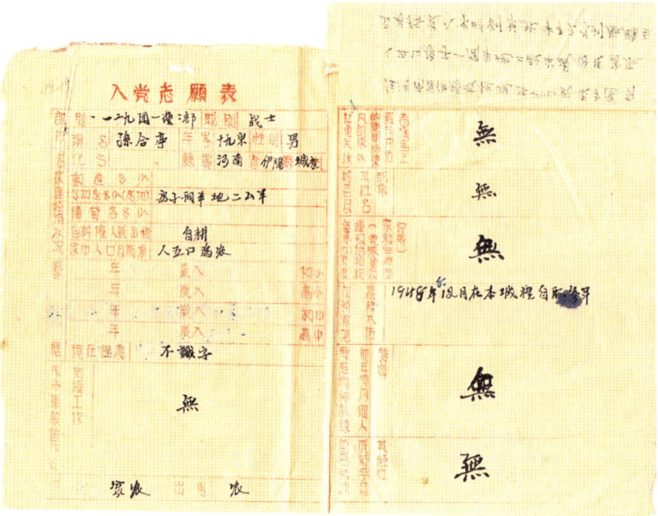
入党志願表
部别 一一二九团一营二連 職别 战士
姓名 孫合亭 年岁 十九岁 性别 男
籍貫 河南 伊陽 城裡
不动產多少（房地） 房子一間半 地二畝半
自耕 佣人或佃租 自耕
家中人口有幾 人五口 為农
現在程度 不識字
無
貧农 出身 农
無
無
無
1948年12月在本城裡自願参軍
無
無

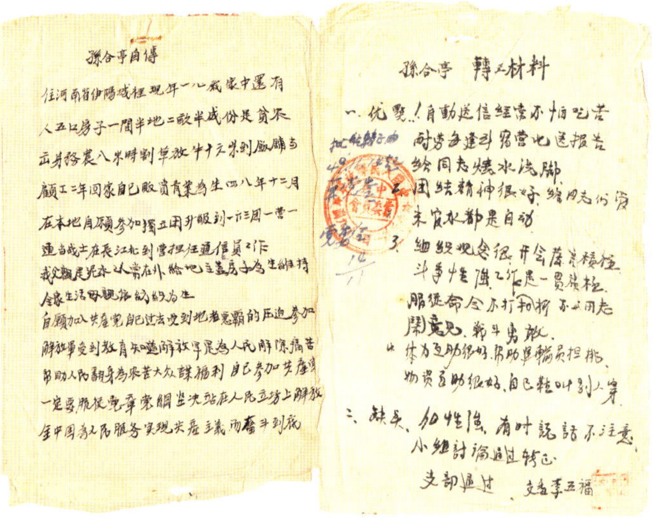
孫合亭自傳

住河南省伊陽城裡 現年一八歲 家中還有人五口 房子一間半 地二畝半 成份是貧农……

……四八年十二月在本地自願参加獨立团升級到一一二九团一营一連当战士 在長江北到营担任通信員工作……

自願加入共產党……為人民解放痛苦 帮助人民翻身 為农苦大众謀福利 自己参加共產党一定要服從党章党綱 堅决站在人民立场上 解放全中国 為人民服务 实現共產主義而奮斗到底

孫合亭 轉正材料

一、优點：1、自動送信 經常不怕吃苦耐劳……送报告 給同志燒水洗脚
2、团结精神很好……
3、……服從命令不打折扣……戰斗勇敢。
4、体力互助很好……物资互助很好……

二、缺点、加性強，有时說話不注意。
小組討論通过转正

支部通过 支書李五福

这份“入党志愿表”的填表人为孙合亭，一二九团一营二部战士，19岁，籍贯河南伊阳。其家中有5口人，务农为生，成分贫农，有自耕地2亩半、房1间半。文化程度为“不识字”。

1948年12月，他在当地自愿参军。对于为什么要参加共产党，他表示“因过去受地主剥削压迫，自愿解放穷人的痛苦，为人民服务，（为）解放全中国而奋斗”。

介绍人张万利认为，孙合亭的优点有：“1. 工作自动，积极负责；2. 能吃苦耐劳；3. 对病号关心，在精神上经常互助。”小组意见为“同意”，支部意见是“通过入党”，团党委会“批准（19）49年8月24（日）入党，后（候）补期二个月，自8月24日起”，并加盖党委员会印章。

值得一提的是，该“入党志愿表”附有“孙合亭自传”和转正材料。从字迹分析，该志愿表和自传由人代为填写。转正材料中显示，党委会批准其转正，其党龄从1949年11月14日开始计算。

藏品三十八

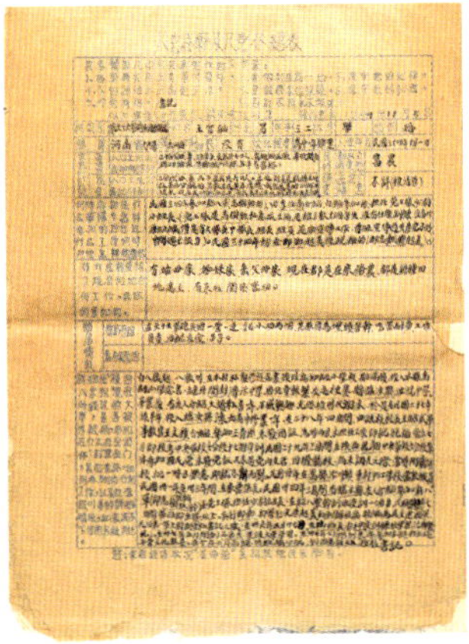

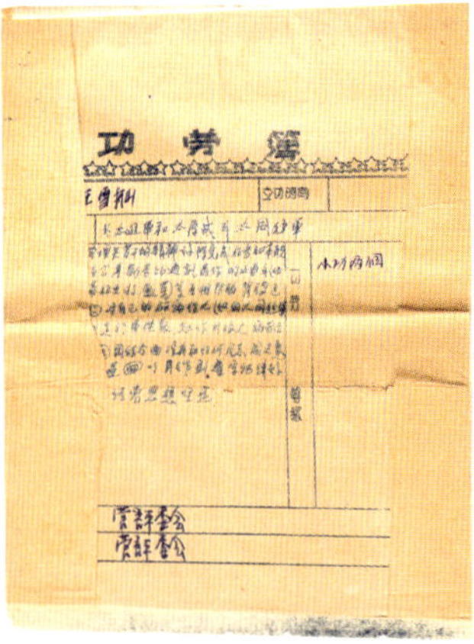
功劳簿

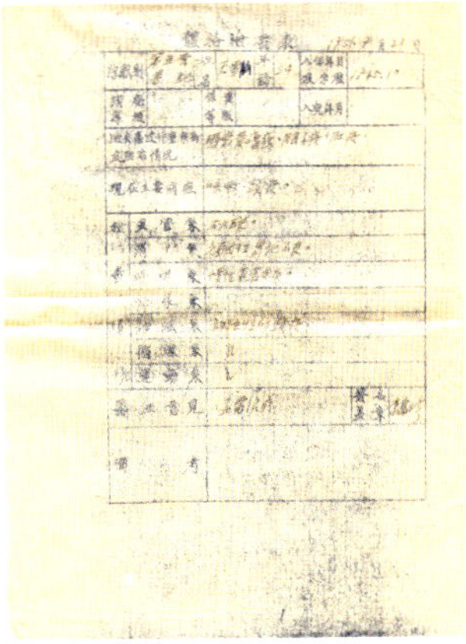

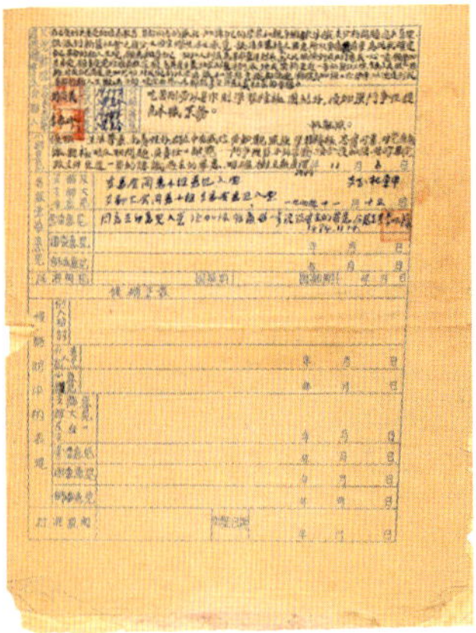

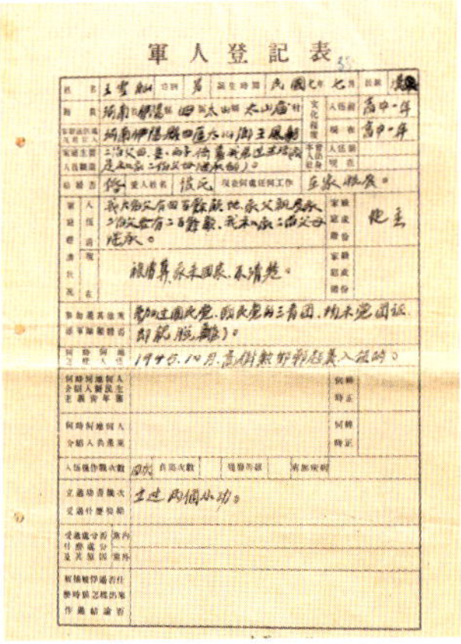
軍人登記表

这份“入党志愿及入党介绍表”填写于1949年11月5日。填表人王雪舢，32岁，籍贯河南伊阳，第六十六军炮兵团参谋处书记。家有7口人，“自耕地二十余亩，其余佃户所耕，每年有富裕”。

他的个人履历为：高中修业1年后，1939年7月投考中央军校七分校十七期受训；1940年3月在陕西凤翔中央军校七分校集体参加国民党，后因心中不满，不辞而别；1941年在嵩县汝川镇车村中心学校当教职员；1942年下半年至1944年回乡里当保长；1945年3月，经人介绍参加新八军高树勋部，在党工队任少尉组长，于新八军干训班受训1个月；1945年7月，队伍北上，兵行至邯郸时光荣起义而到解放区，改编为“民主建国军”，任第一军上尉副官和书记之职；1947年5月27日，在山西长治神泉训练班学习；1948年5月到石家庄军政大学学习，7月到涞源任炮兵营文化教员；1949年6月，听从组织分配任团参谋处书记；在第六十六军炮兵团一营一连记小功2个。

营党委“同意支部意见入党”，同时批示“须加强教育”，令其进一步提高认识。

值得一提的是，与这张表一道的还有王雪舢的“功劳簿”，以及其20世纪50年代初的“军人登记表”“体格检查表”等资料。

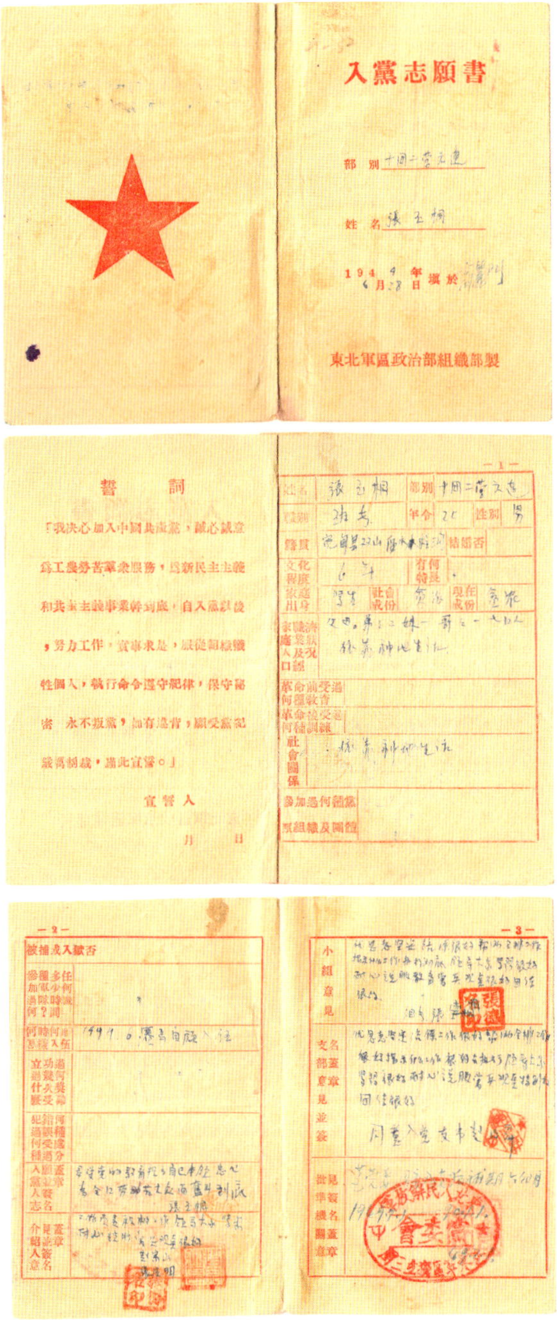

入黨志願書

部別

姓名

194　年　月　日填於

東北軍區政治部組織部製

誓詞

「我決心加入中國共產黨，誠心誠意為工農勞苦群眾服務，為新民主主義和共產主義事業幹到底，自入黨以後，努力工作，實事求是，服從組織犧牲個人，執行命令遵守紀律，保守秘密，永不叛黨，如有違背，願受黨紀最嚴制裁，謹此宣誓。」

宣誓人

月　日

—1—

姓名		部別			
職別		年令	25	性別	男
籍貫		結婚否			
文化程度		有何特長			
家庭出身		社會成份		現在成份	
家庭經濟狀況及人口					
革命前受過何種教育					
革命後受過何種訓練					
社會關係					
參加過何黨派組織及團體					

—2—

被捕或入獄否	
參加過何任多少國際時間？	
何時何地怎樣入伍	1947.6
立過功受過何種獎勵	
犯過何種錯誤受何處分	
入黨志願人簽名蓋章	
介紹人意見並簽名蓋章	

—3—

小組意見	
支部意見並簽名蓋章	
批准機關意見簽名蓋章	

这份入党志愿书由东北军区政治部组织部制。封二的“誓词”内容为：“我决心加入中国共产党，诚心诚意为工农劳苦群众服务，为新民主主义和共产主义事业干到底。自入党以后，努力工作，实事求是，服从组织牺牲个人，执行命令遵守纪律，保守秘密，永不叛党，如有违背，愿受党纪严厉制裁，谨此宣誓。”

填表人张玉桐，20岁，十团二营六连班长。家有父、母、兄、弟、妹共7口人，家庭成分为贫农，依靠种地生活。他在“入伍前后详细经历”一栏中写道：8岁至9岁玩，10岁至15岁念书，15岁秋天至16岁当工人，17岁放猪，以后参军。1947年6月，他在辽宁丹东自愿入伍。

对于入党动机，他表示要“多受党的教育，提高自己本领，忠心为全国劳苦大众而奋斗到底”。

介绍人为赵宗山、张德明（或为张德名），他们认为张玉桐工作积极负责，领导大家学习，耐心说服，爱兵观点很好。

“小组意见”一栏中的内容为：“优。思想坚定，（联）络（关）系很好，帮助全排工作，指示什么工作执行彻底。领导大家学习很好，耐心说服教育，爱兵观点很好，团结很好。”组长张德明（或为张德名）签名，并钤盖名章。

“支部意见并签名盖章”一栏中的内容为：“优。思想坚定，（联）络（关）系工作很好，帮助全排工作很好，指示什么工作很好去执行，领导大家学习很好，耐心说服（教育），爱兵观点特别好，团结很好。同意入党。”支书赵庆昇签名，并钤盖名章。

营党委会批准他入党，候补期6个月，自1949年7月1日开始至1950年1月1日。后他又被营党委会批准按期转正。

藏品四十

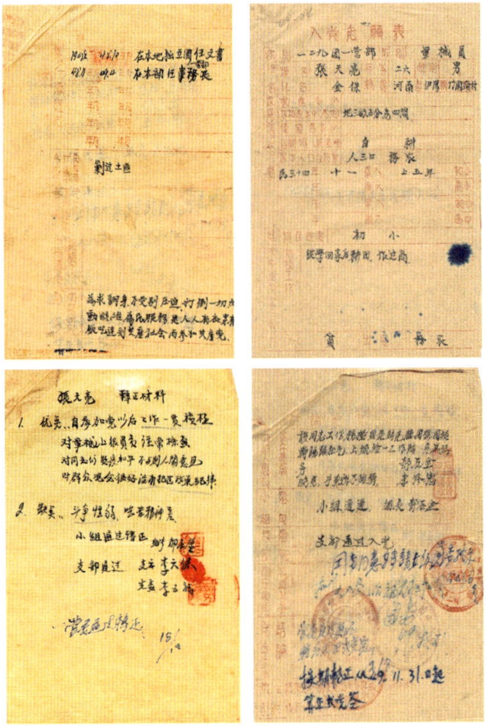

这份入党志愿书的填表人为张天亮，26 岁，一二九团一营部军械员，籍贯河南伊阳。1945 年，11 岁的他进入初小，上了 5 年，“从学(校)回家后耕田，作过商”。

1948 年他在当地自愿入伍，1948 年 2 月至 10 月在本地独立团一营部任文书，1948 年 11 月至 1949 年 4 月任事务长。曾经参加过剿匪。

关于“为什么参加共产党”他写道：为求翻身，不受别人压迫，打倒一切反动统治，为人民服务，使人人有衣穿有饭吃，达到共产主义社会而参加共产党。

介绍人郝石金、李修德认为：该同志的优点是工作积极负责，能克服困难，团结群众，说话和气。

其党员候补期 3 个月，按期转正，从 1949 年 11 月 31 日（笔误，实为 11 月 30 日）开始计算党龄。

这份入党志愿书填写于 1949 年 3 月 4 日，手工蜡纸刻版，用绵纸印制。

填表人商臣章，24 岁，籍贯河南伊阳，工人出身。家有 3 口人，四五亩地，2 间房。他自述入党动机为：为过去受压迫；今天非干不行，干到底。对于自我今后发展，他写道：大胆回家斗恶霸；下决心斗争到底；积极努力去向前干。

“介绍人的意见”栏中均无填写，“支部讨论结果并签名盖章”一栏内容为“同意支部意见，但区委未盖公章，后补章”。其党员候补期 3 个月，1949 年 6 月 10 日转正。

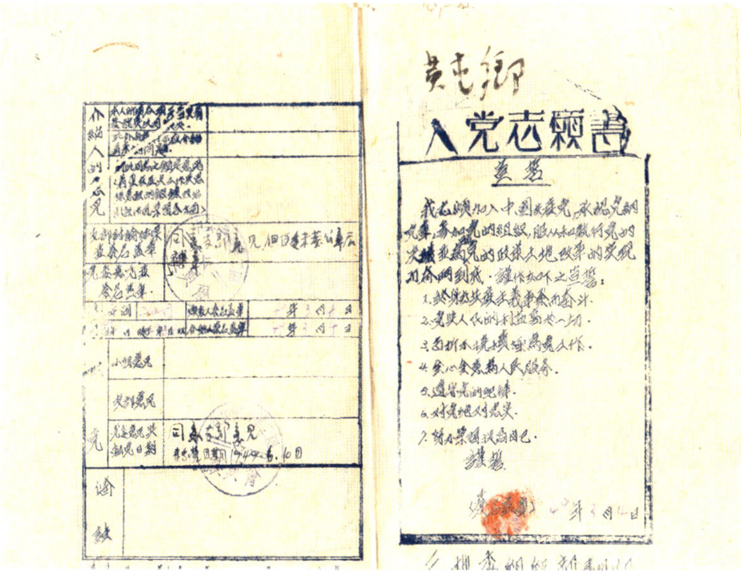
入党志愿书

宣誓

我志愿加入中国共产党，承认党的党章，参加党的组织，服从和执行党的决议，并为党的政策大纲，战事的实现而奋斗到底。谨作如下之宣誓：

1. 终身为共产主义事业而奋斗。
2. 党与人民的利益高于一切。
3. 团结群众积极为党工作。
4. 全心全意为人民服务。
5. 遵守党的纪律。
6. 对党绝对忠实。
7. 努力学习提高自己。

宣誓

49 年 3 月 4 日

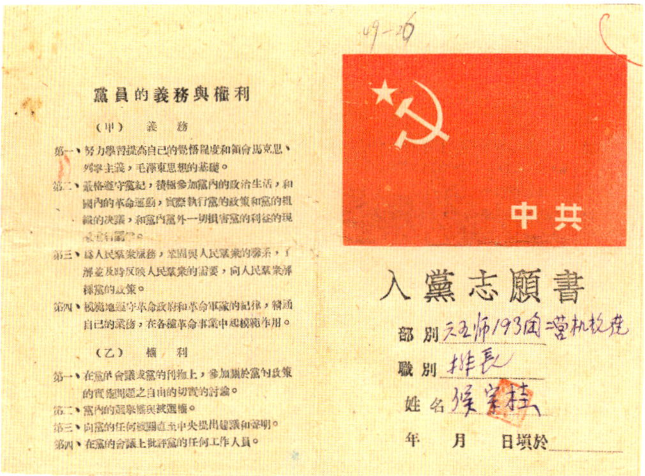

49-26

黨員的義務與權利

（甲）義務

第一、努力學習提高自己的覺悟程度和領會馬克思、列寧主義，毛澤東思想的基礎。

第二、嚴格遵守黨紀，積極參加黨內的政治生活，和國內的革命運動，實際執行黨的政策和黨的組織的決議，和黨內黨外一切損害黨的利益的現象〔守〕鬥爭。

第三、為人民群衆服務，鞏固與人民群衆的聯系，了解並及時反映人民群衆的需要，向人民群衆解釋黨的政策。

第四、模範地遵守革命政府和革命軍隊的紀律，精通自己的業務，在各種革命事業中起模範作用。

（乙）權利

第一、在黨的會議或黨的刊物上，參加關於黨的政策的實施問題之自由的切實的討論。

第二、黨內的選舉權與被選權。

第三、向黨的任何機關直至中央提出建議和聲明。

第四、在黨的會議上批評黨的任何工作人員。

中共

入黨志願書

部别　六五师193团二营机枪连

職别　排長

姓名　侯宗桂

年　月　日填於

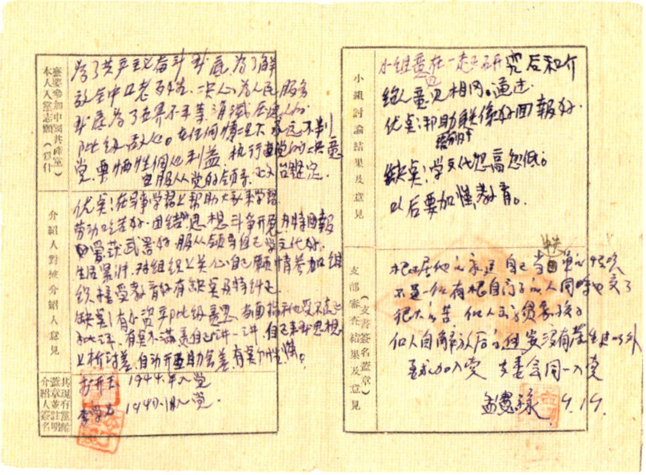

本人入黨志願（爲什麼要參加中國共產黨）

介紹人對被介紹人意見

介紹人簽名蓋章並註明現有黨齡　1944年入党　1940年入党

小組討論結果及意見

以后要加强教育。

支部審查結果及意見（支書簽名蓋章）

这份入党志愿书的封面最上方是一面红色党旗。

填表人侯宗桂，34 岁，六十五师一九三团二营排长。其入伍前经历为：没读过书，从小在家种地；18 岁当中央军；1933 年 4 月参加西北军二十九军，1940 年 4 月当司务长，工作困难就开了小差；连长很严，自己感觉受压迫……

加入解放军队伍后，他首先到“军大”受训，1948 年 4 月到一九三团当副排长，同年 7 月升任排长，参加作战 5 次，立功 3 次。

介绍人和小组讨论均同意其入党，认为他的优点是帮助大家学习、劳动吃苦好、团结好。“支部审查结果及意见”一栏内容为：“根据他的家庭，自己当中央军的情况，不是一个有根自门子（有门路）的人，同时也受了很大的苦，个人出身贫家孩子，个人自解放后的进步，没有发生过以（意）外。要求加入党，支委会同一（意）入党。”支书孟宪禄签名盖章。

其党员候补期半年，至 1950 年 3 月 27 日，后经批准按时转正。

这份“入党志愿表”由第六军政组织部制。

填表人王虎雷，28 岁，四十七团一连战士，家庭成分为贫农，1948 年 6 月入伍。

他曾“参加伪军九十师输送团一连，解放后脱离”，参加过 4 次战役。在“为什么要加入共产党及本人签字”一栏，他写道：“为了世界和平，坚决为了劳动人民翻身。积极工作、努力学习，权（全）心全意为人民服务干到底，不屈不挠，为共产主义而奋斗到底。”

入党介绍人对王虎雷的评价是“工作积极，吃苦耐劳，战斗意志强，帮助人很好”。小组会讨论与支委会及支部大会讨论结果均为“通过”。

在“能否转正”栏，“小组会的意见”为“工作积极负责，吃苦性好”，“支委会及支部大会的意见”为“批评与自我批评好”，营党委批准其转正。

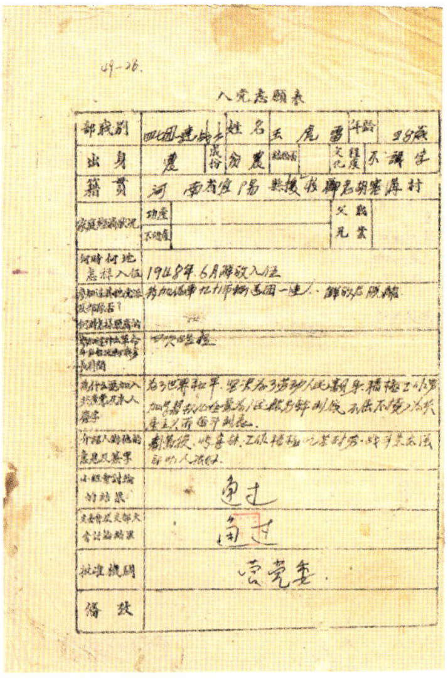
入黨志願表

部隊别	四七團一連战士	姓名	王虎雷	年齡	28歲
出身	農	成份	貧農	文化程度	不識字
籍貫	河南省宜陽縣[illegible]				
家庭經濟狀況	地產 / 不動產			父親 / 兄弟	
何時何地怎樣入伍	1948年6月解放入伍				
參加过其他黨派及部隊否？	參加偽軍九十師輸送團一連，解放后脱離				
參加过什么戰役	四次戰役				
為什么要加入共產黨及本人簽字	為了世界和平，堅決為了勞動人民翻身，積極工作、努力學習，權心全意為人民服務干到底，不屈不撓，為共產主義而奮斗到底。				
介紹人對他的意見及簽字	[illegible]				
小組會討論的結果	通过				
支委會及支部大會討論結果	通过				
批准機關	營黨委				
備考					

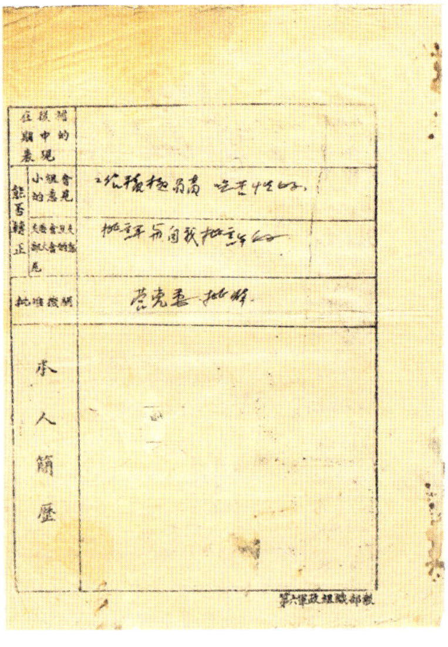

在組織中的表現		
能否轉正	小組會的意見	工作積極負責，吃苦性好。
	支委會及支部大會的意見	批評与自我批評好
批准機關		營黨委批准
本人簡歷		

第六軍政組織部製

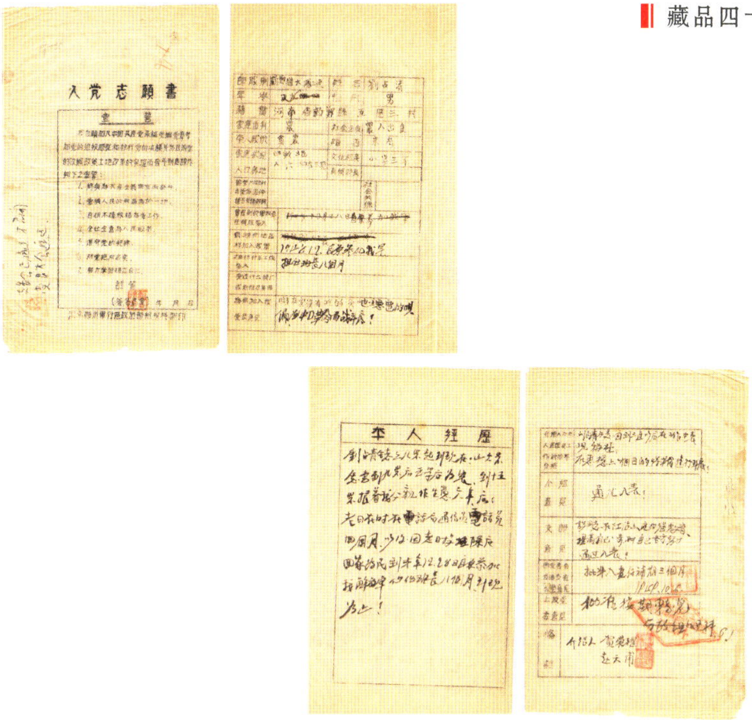
入党志願書

誓詞

本人經歷

这个封面大方框上部是“入党志愿书”5个字，方框内是誓词，手工蜡纸刻版，黑土纸印制。封面左侧批注“支委会已通过，未召开党员大会通过”。

填表人叫刘占清，河南新郑人，1948年12月入伍，在新郑县大队三连担任班长8个月。他写道：“因为在家没有吃的，受地主恶霸的欺骗，为中国革命而战（斗）到底。”

他自述念书到9岁，后务农；15岁跟着父亲做生意，6年后在电话局当通讯员、电话员；日本帝国主义投降后，他回到家，后参加了解放军。

“支部意见”认为：“该同志在政治上应加强教育，提高自己一步，对自己各方努力。通过入表（党）！”“团委会或团支委员会意见”一栏中写道：“批准入党，后（候）补三个月。1949年10月16日。”姚福科盖章。后上级党委批准按期转正。

“备注”栏中有介绍人贺荣耀、赵天甫的签名盖章。

藏品四十五

转正书
姓名 刘宝岷
1949年11月1日

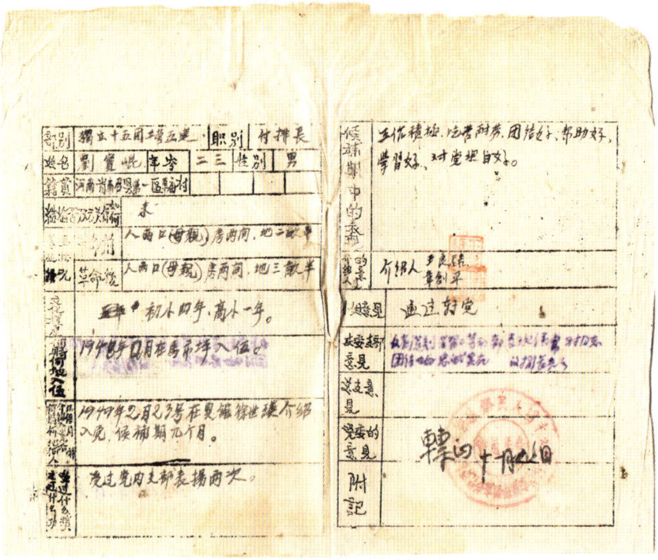

部别 独立十五团工兵五连
职别 付排長
姓名 劉寶岷
年岁 二三
性别 男
籍贯 河南省□□县第一区□□村
人口(母亲)房两间，地二亩半
人口(母亲)房两间，地三亩半
初小四年，高小一年。
194□年□月在□□□入伍。
1949年2月25号在□□□介绍入党，候补期九个月。
受过党内支部表扬两次。
候补期中的表现
工作積极，吃苦耐劳，团结好，帮助好，学習好，对党坦白好。
介绍人
通过转党
支委的意見
总支意見
党委的意見
附記

见证初心

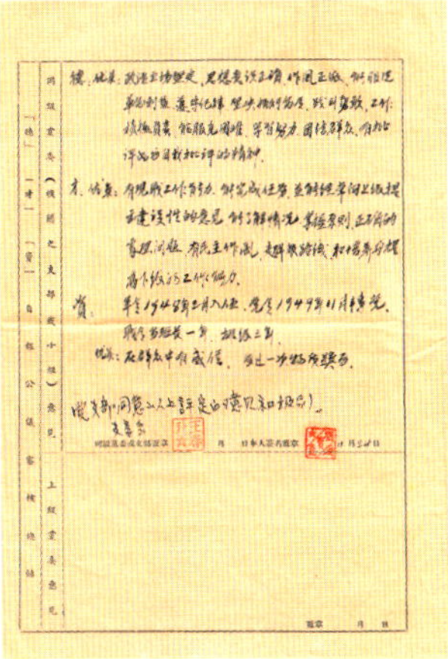

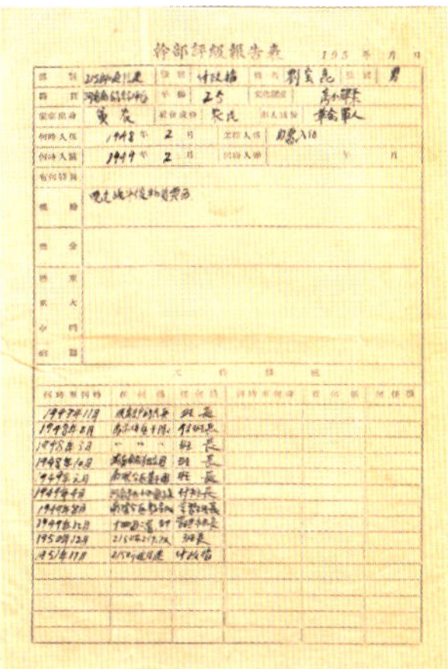

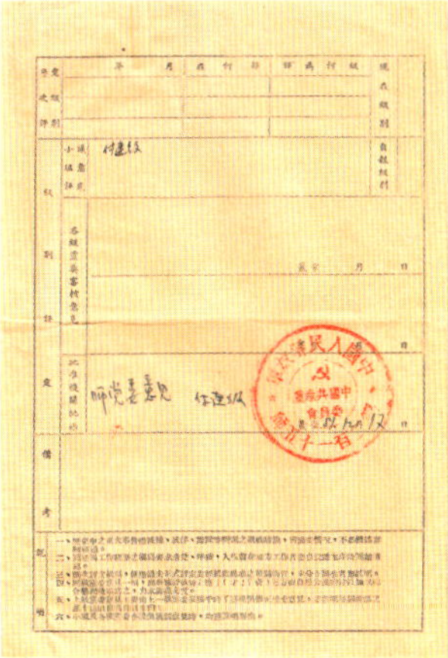

这份“转正书”用白色绵纸印制。

填表人刘宝崐，23 岁，独立十五团二营五连副排长，籍贯河南南召；家中有 2 口人，2 间房，2 亩半地；曾读初小 4 年、高小 1 年；1948 年 2 月在马市坪入伍。

他写道：“1949 年 2 月 23 号（日），在夏馆徐世瑛介绍下入党，候补期九个月。”他受过党内支部表扬 2 次。

其候补期中的表现为：工作积极，吃苦耐劳，团结好，帮助好，学习好，对党坦白好。介绍人王良积、章创平在意见栏中签名盖章。

“小组意见”为：通过转正。

“支委支部意见”为：反省深刻，学习上劳动上都表现好，经常对同志团结也好，忠诚实在。

“党委的意见”为：转正，11 月 9 日。

与这份“转正书”一道收藏的，还有 20 世纪 50 年代刘宝崐的“干部评级报告表”。可以看到，1951 年 12 月 17 日，第二百一十五师师党委批准其评为副连级。

藏品四十六

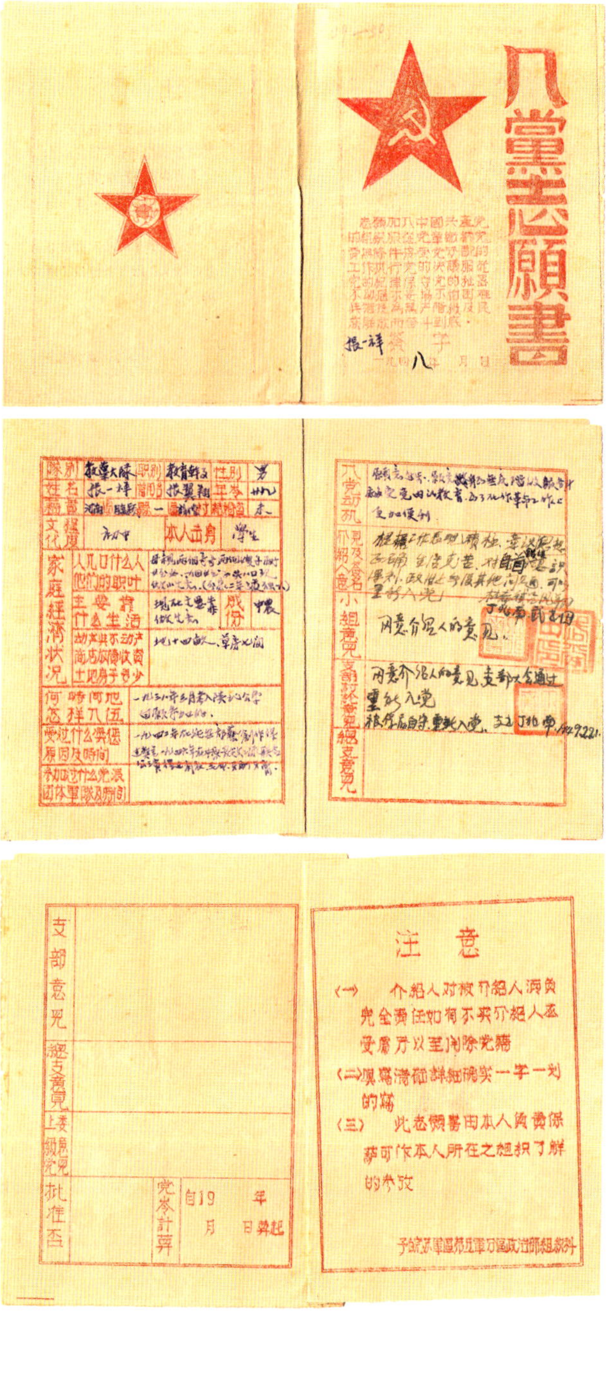

入黨志願書

張一祥

一九四八年 月 日

隊別		職別		性別	
姓名	張一祥	曾用名		年齡	
籍貫					
文化程度		本人出身			

家庭經濟狀況：入口什么人他們的職業；主要靠什么生活；成份；動產與不動產商店放債收賣土地多少

何時何地怎樣入伍

受過什么獎懲原因及時間

參加過什么黨派團體軍隊及時間

入黨動機

介紹人及簽名意見

小組意見

支部大會意見

總支意見

支部意見

總支意見

上委級意見

批准否

黨齡計算：自19 年 月 日算起

注意

（一）介紹人對被介紹人須負完全責任如有不實介紹人應受處分以至開除黨籍

（二）填寫清楚詳細確實一字一划的寫

（三）此表須要由本人負責保存可作本人所在之組織了解的參考

予晉察冀軍區第五軍分區政治部組織科

见证初心

这份入党志愿书封面竖排“入党志愿书”5个大字，上方是一颗硕大的五角星，内有党徽，下方为誓词。

填表人张一祥，29岁，教导大队教育干事，籍贯河南临颍，初中文化；家中有8口人、14亩地、7间草房，做小生意。

他自述：7岁到17岁一直在上学；1938年参加革命，先考入陕北公学，后上了中共中央组织部训练班；1939年元月调入七七〇团三连任教员，后任该团宣传队教员、分队长、队长、营教育干事、政治干事、团教育干事；1945年任豫西分区政治部教育干事等职；1947年元月调任南保工作委员会委员；1942年在延安因创作得过奖金。

介绍人杜希斌、吕凤翔认为他“工作表现积极，思想意识正确，生活克（刻）苦……政治上也没其他问题，可以重新入党”。小组同意介绍人的意见。“支部讨论意见”为“同意介绍人的意见，支部大会通过重新入党”，时间是1949年2月21日。

在结尾处“注意”中，明确了“介绍人对被介绍人须负完全责任，如有不实，介绍人应受处分以至（致）开除党籍”等内容。

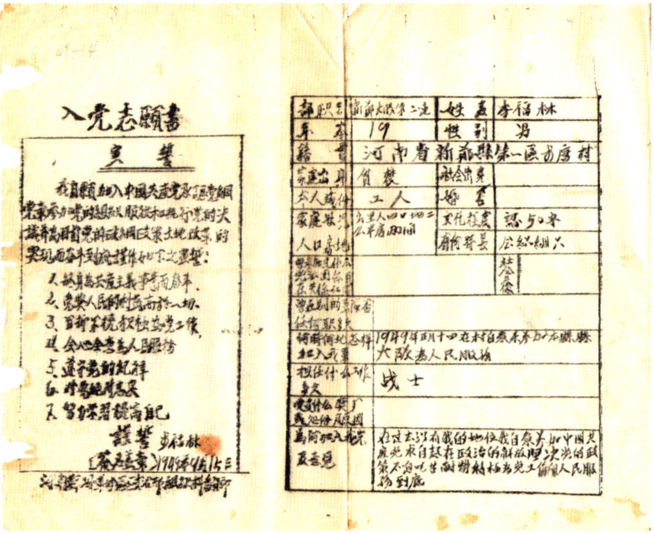
入党志願書
宣誓
工人
河南省新鄉縣第一區
戰士
1949年
李福林
19
男
貧農

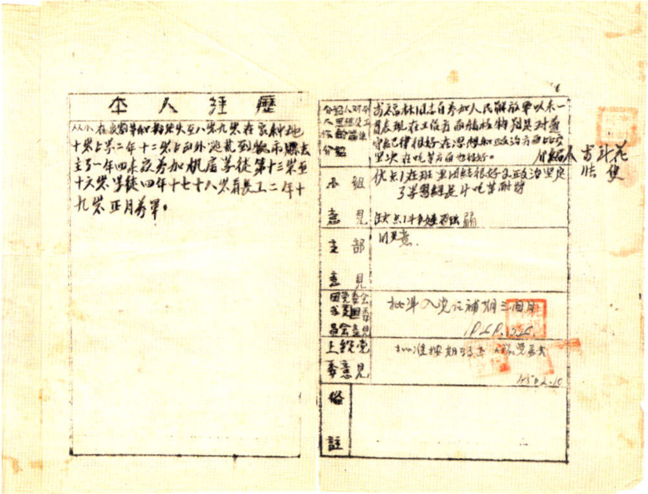
本人經歷
本組
意見
支部
意見
上級党委意見
備
註
同意.

这份入党志愿书在绵纸上刻版油印，宣誓日期是1949年9月15日。

填表人李福林，19岁，新郑大队二连战士，贫农出身，家有4口人、2间房、2亩半地，文化程度为识50字，1949年2月11日入伍。

他的入党动机是："我自原（愿）参加中国共产党……坚决（执行）党的政策，不迫（怕）吃苦耐劳，积极为党工作，向（为）人民服务到底。"他自述从小在家干农活，10岁上学，12岁逃荒到尉氏县，1年后回家，当机房学徒4年，后又扛长工2年，19岁参军。

介绍人李计花、张健认为他自参军以来"一贯表现在工作方面积极，特别是对遵守纪律很好，在思想和政治方面比交（较）坚决，在吃苦方面也很好"。

"小组意见"为：在班里团结很好，政治坚定，经常学习，吃苦耐劳。"团党委会或团支委员会意见"一栏写道：批准入党，候补期3个月。盖姚福科印。1950年2月10日，大队党委会批准其按期转正。

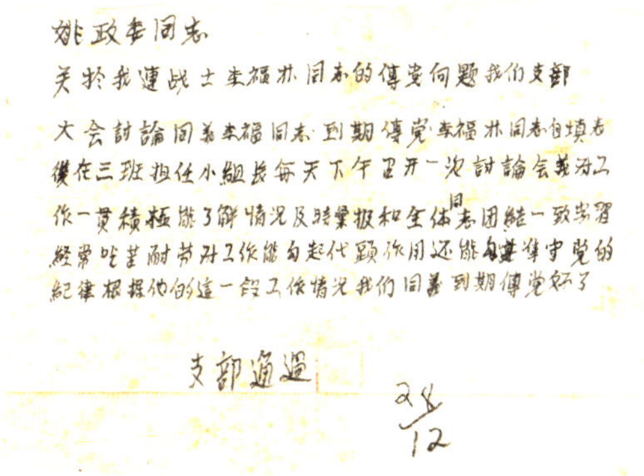
姚政委同志
关於我連战士李福林同志的轉党问题我们支部
大会討論同意李福同志到期轉党 李福林同志自填表
後在三班担任小組長每天下午召开一次討論会對於工
作一贯積極能了解情况及時彙报和全体同志团結一致学習
經常吃苦耐劳对工作能够起代頭作用还能够遵守党的
紀律根据他的這一段工作情况我们同意到期轉党好了

支部通過

28/12

藏品四十八

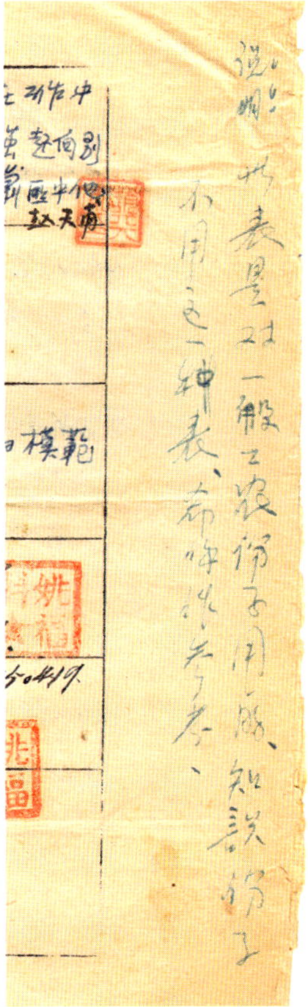

这份入党志愿书为在薄土纸上刻版油印。填表人陈聚奎，26 岁，新郑县一大队第三连班长，上过 2 年小学，1949 年 1 月入伍。

他自述曾给地主种地 8 年，17 岁被“买壮丁”到国民党中央骑兵二军步兵团；3 个月后回家，再到第四十军军部通信连待了 3 年多；又逃荒山西，生活 3 余年；接着在同蒲铁路当工人 2 年多，在陇海铁路当工人 3 年；后因病返乡，在当地县机中队干了 3 个月；抗战胜利后回家，直至参加解放军，参军后他所在的班被评为剿匪中的模范班。

关于入党动机他写道：“为了解放全中国。因为我家受的人家恶霸（欺负）太大又多了，解放军来时就一心要为人民撤（彻）底番（翻）身。我的意见，就是请上级党今后多对我作教育。”介绍人贺东山、赵天甫认为他工作负责，思想上斗争性强，敢提意见，有威信。小组与支部意见均为通过。其党员候补期半年，在 1950 年 4 月 19 日被新郑大队党委会批准按期转正。

另外，该页右侧空白处批有内容——“说明：此表是对一般工农分子用的，知识分子不用这一种表，希你作参考。”

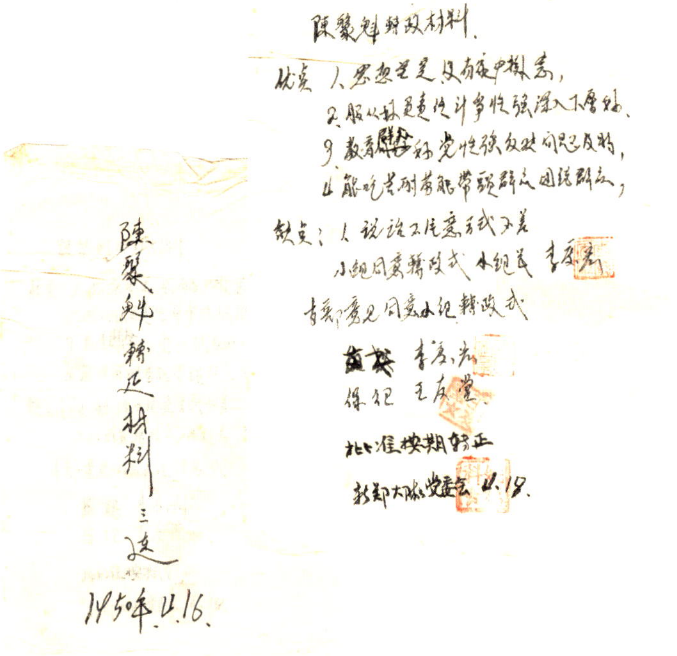

陳聚魁 轉正材料 三連 1950年11.16.

陳聚魁轉政材料.

優点 1.思想堅定 [illegible]，
2.服从领导 [illegible] 斗争性强，深入下层好。
3.教育群众好，党性强，[illegible]，
4.能吃苦耐劳，能带头团结群众，

缺点：1.说话不注意方式 [illegible]

小組同意轉政式 小組長 李[illegible]

支部意見同意小組轉政式

支書 李[illegible]
保組 王友堂

批准按期轉正

新鄭大隊党委会 11.18.

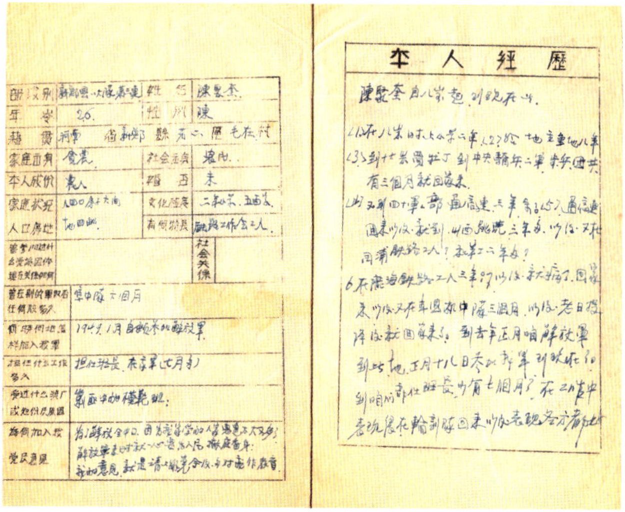

部队别	新鄭縣大隊[illegible]	姓名	陳聚奎
年岁	26	性别	陳
籍贯	河南省新鄭縣[illegible]毛庄村		
家庭出身	貧農	社会出身	[illegible]
本人成份	農人	婚否	未
家庭状况人口房地	[illegible]	文化程度	[illegible]
		有何特長	鐵路工作 [illegible]
参加过什么党派团体		社会关係	
曾在别的军队任何职务	[illegible]		
何时何地怎样加入我军	1949.1月 自[illegible]參加解放軍		
担任什么工作多久	担任班長 [illegible]		
受过什么奖励或处份及原因	[illegible]		
为何加入我党及意见	[illegible]		

本人經歷

陳聚奎 [illegible]

(1) [illegible] (2) [illegible]
(3) [illegible]
(4) [illegible]
6 [illegible]

第一部分

藏品四十九

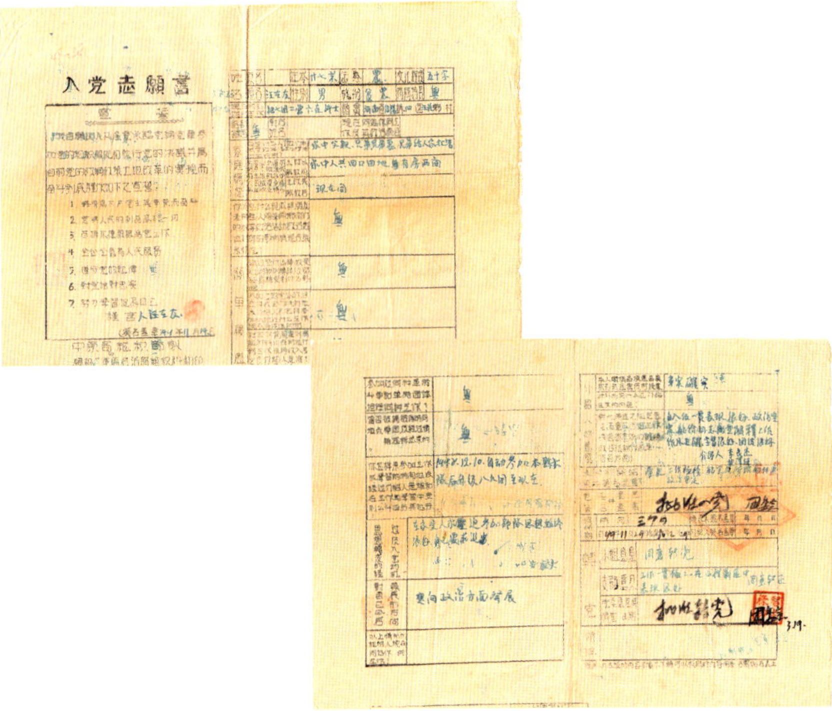

这份入党志愿书的填表人为汪在友，27 岁，独七团二营六连战士，籍贯河南信阳，贫农家庭，有父亲与兄弟夫妇共 4 口人，有 2 间房，无土地，兄弟外出扛活。他于 1948 年 12 月 10 日“自动参加本县大队，后升级八九团到现在”，并表示自己“在家受人家压迫，参加部队，思想始终很好，自己要求进步”“今后想向政治方面发展”。

介绍人李良杰、莫泽纡认为他“自入伍一贯表现很好。政治坚定，能给同志做点解释工作，作风正确，学习很好，团结很好”。经批准，其党员候补期 3 个月，自 1949 年 11 月 29 日至 1950 年 2 月 29 日（笔误，应为 28 日）。“转党”栏中的“支部意见”为：“工作一贯积极。在山里剿匪中表现很好。同意转正。”团党委会批准，智吉禄盖章。

下图为战士柳海坤的入党志愿书。他 21 岁，籍贯河南新郑，贫农家庭出身，自述“从小要饭到十岁，到救济院吃大锅饭，三年以后看（扛）长工七年，今年参加本县大队二连”。

入党动机为：“经过诉苦追根和自爱，在思想上明确自己的立场，知道自己是什么阶级，也分清敌我，知苦穷是谁给的，自己劳动是（给）谁劳动的（，）才自愿入党。干（甘）心为人民求解放，不过苦生活，澈（彻）底翻身，为苦穷的群众服务。”介绍人李计花、赵鸿生签名盖章，认为他“一贯工作积极，没有说过怪话，对同志团结亲爱，没有犯过错误，没违犯（反）纪律，诉苦自爱后，决定服务到底”。

其党员候补期从 1949 年 12 月 6 日开始，时长 3 个月。1950 年 4 月 5 日，新大党委会批准其按期转正。另该志愿书附有“注”，规定干部入党应附详细自传。

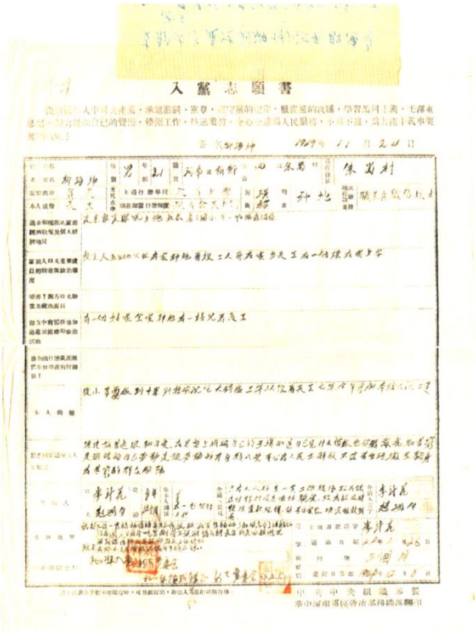
入黨志願書

藏品五十一

这份入党志愿书上印刷的红色很醒目。填表人王玉清（或为王玉庆），32 岁，籍贯河南确山，二十八团机一连副班长，务农出身。

他曾于 1937 年在国民党第三军十二师当兵，1940 年当班长，又在 1942 年到第九十六军炮兵营当管察军事。

1949 年 7 月 24 日罗局镇解放，他加入解放军，参加过兰州战役。

其入党动机是：要为穷苦大众服务干到底，为了穷人翻身，要为社会主义服务干到底。

介绍人是曹化民、陆建邦，小组讨论与支部讨论全体通过，认为其优点是工作积极、政治坚定、责任心强、服从命令好、能吃苦。刘文博签名盖章。

他的党员候补期从 1949 年 12 月 6 日开始，为期半年。1950 年 6 月 8 日营党委批准其转正。

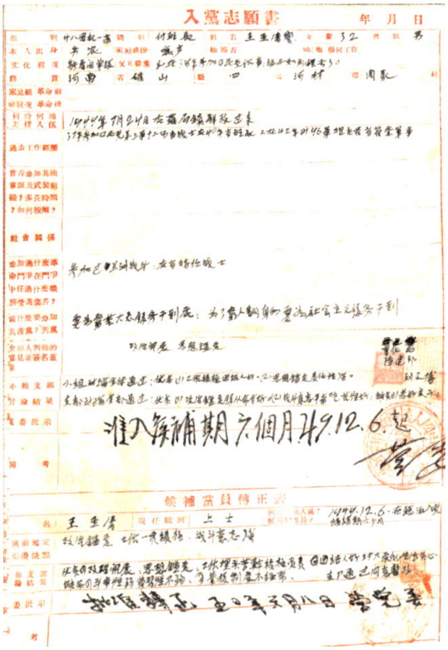
入黨志願書

候補黨員轉正表

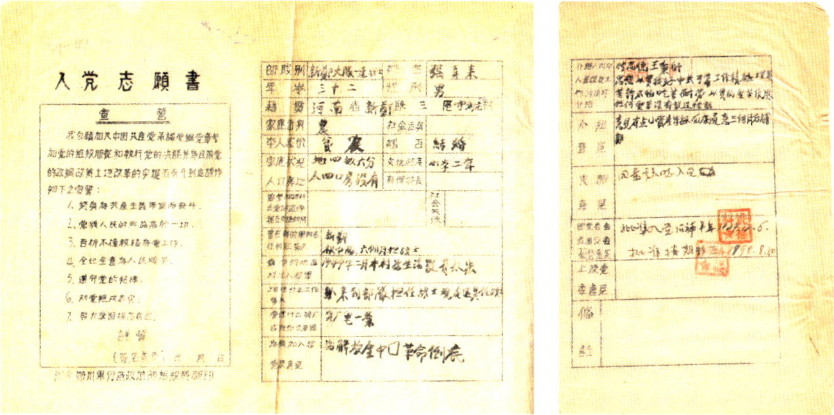

这份入党志愿书的填表人为张喜来，32 岁，新郑大队一连战士；籍贯河南新郑，贫农家庭，家中有 4 口人、四亩六分地，无房。

据他本人介绍，自己上学 2 年，11 岁开始种地至 29 岁；30 岁参加新郑机中队，当了半年战士；回乡继续种地，至 1949 年 2 月在本村参加解放军。来到部队后被奖过肥皂 1 条。

入党动机是：为解放全中国革命到底。

介绍人张志德、王秉师认为其思想一贯很好，忠实可靠，工作积极，埋头苦干，对任何艰苦都没说过怪话。“小组意见”是：同意，3 个月候补期。

“团党委会或团支委员会意见”一栏有“批准入党，后（候）补半年”“批准按期转正”两行字，时间分别为 1949 年 12 月 6 日与 1950 年 8 月 30 日，盖印者均为姚福科。

藏品五十三

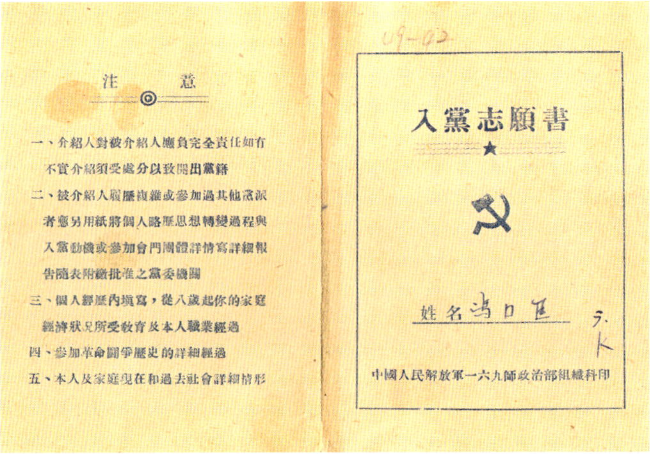

注　　意

一、介紹人對被介紹人應負完全責任如有不實介紹須受處分以致開出黨籍

二、被介紹人履歷複雜或參加過其他黨派者應另用紙將個人略歷思想轉變過程與入黨動機或參加會門團體詳情寫詳細報告隨表附繳批准之黨委機關

三、個人經歷內填寫，從八歲起你的家庭經濟狀況所受教育及本人職業經過

四、參加革命鬪爭歷史的詳細經過

五、本人及家庭現在和過去社會詳細情形

入黨志願書

★

姓名

中國人民解放軍一六九師政治部組織科印

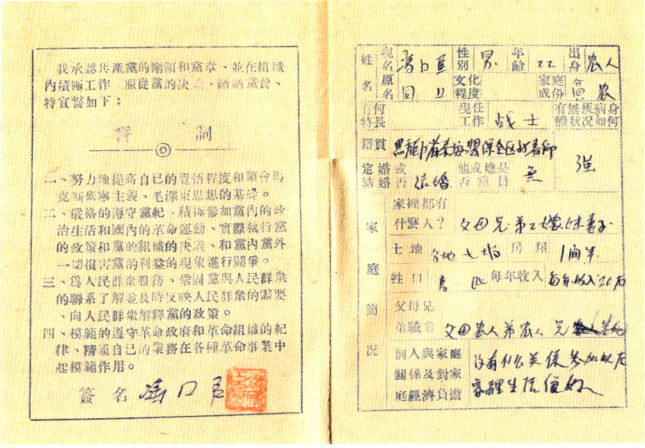

我承認共產黨的綱領和黨章、並在組織內積極工作　服從黨的決議、繳納黨費、特宣誓如下：

誓　　詞

一、努力地提高自已的覺悟程度和領會馬克斯列寧主義、毛澤東思想的基礎。

二、嚴格的遵守黨紀、積極參加黨內的政治生活和國內的革命運動、實際執行黨的政策和黨的組織的決議、和黨內黨外一切損害黨的利益的現象進行鬪爭。

三、爲人民群衆服務、鞏固黨與人民群衆的聯系了解並及時反映人民群衆的需要、向人民群衆解釋黨的政策。

四、模範的遵守革命政府和革命組織的紀律、精通自已的業務在各種革命事業中起模範作用。

簽名

姓名	現名		性別	男	年齡	22	出身 農人
	原名		文化程度		家庭成份		
有何特長			現任工作	战士		有無疾病身體狀況如何	
籍貫							
定婚或結婚	或否		他或她是否黨員	無			
家庭簡況	家裡都有什麼人?						
	土地		房屋				
	牲口		每年收入				
	父母兄弟職業						
	個人與家庭關係及對家庭經濟負擔						

这份入党志愿书封面通体蓝色长方框，“入党志愿书”5个字为蓝色，下方放置的五角星左右各有3条蓝色波浪纹；封面正中央是由镰刀、锤头组成的党徽图案，十分醒目。后一页是誓词，共4条。

填表人是22岁的战士冯国臣，籍贯黑龙江，家中分地7垧，有房1间半、马1匹，每年收入粮食20石。他自述8岁至15岁放猪，16岁至19岁扛活，20岁开始种自家地，1948年2月15日在家乡入伍。

其入党动机是“为了多给人民多负一些责任，坚决要革命”，介绍人为董喜昌、马立才。小组与支部均同意其入党，“支部意见”还包括“去掉小资产阶级意思（识）”。其党员候补期半年，从1949年12月26日开始。在“个人略历”一栏中，支书刘玉亭写道：“党的生活制度作的（做得）好，能经常作（做）工作。劳动好代（带）头，修养好，没有和别人闹过意见，没有开（耍）过态度。对执行任务好。对文化学习比较好，并能帮助别人。”支部通过其转正，时间为1950年7月13日。

该入党志愿书最后一页还列明了5条注意事项。

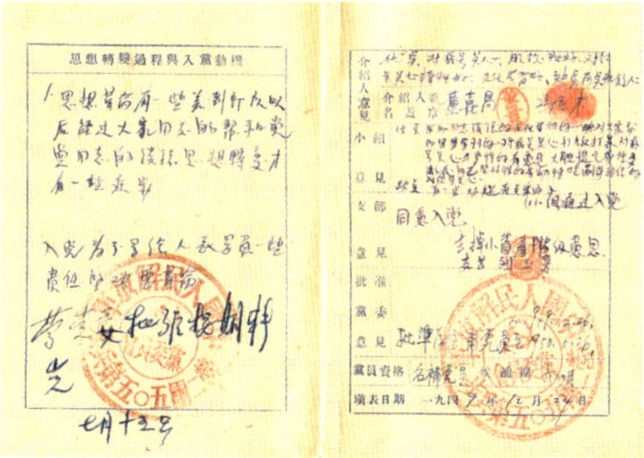
思想轉變過程與入黨動機

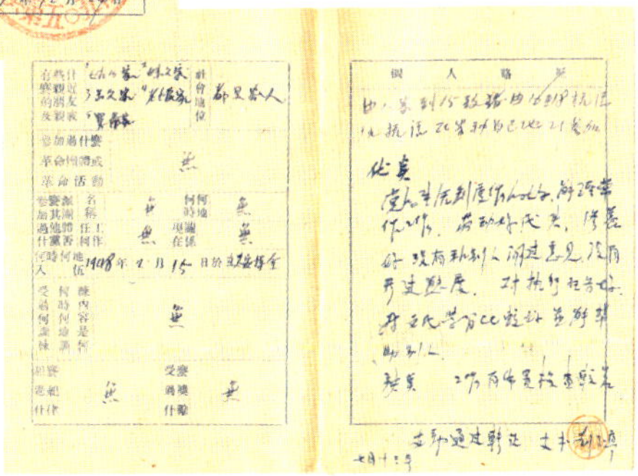
個人略歷

藏品五十四

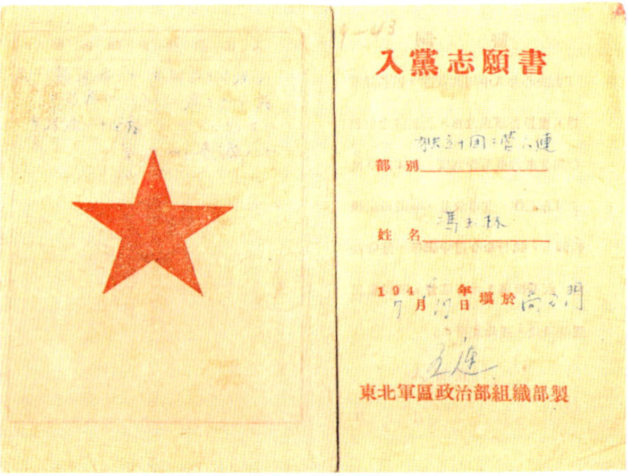
入黨志願書

部別

姓名

194　年　月　日填於

東北軍區政治部組織部製

这份入党志愿书由东北军区政治部组织部制，红色油墨印，为独立十团二营六连 18 岁战士冯玉林在 1949 年 7 月 17 日填写。

誓词内容是：“我决心加入中国共产党，诚心诚意为工农劳苦群众服务，为新民主主义和共产主义事业干到底。自入党以后，努力工作，实事求是，服从组织牺牲个人，执行命令遵守纪律，保守秘密，永不叛党，如有违背，愿受党纪严厉制裁，谨此宣誓。”

冯玉林，籍贯安东（今辽宁）本溪，家有地 6 亩、房 1 间，成分为贫农。他放过牛、扛过活，1949 年 5 月 1 日在家乡自愿入伍。

入党动机是“为人民服务到底，坚决完成革命任务”，该栏有其签名和手印。介绍人是谭允亭、张德明，在他们看来，冯玉林思想坚定、学习好、劳动好、团结好，能帮助别人；“小组意见”认为其学习虚心、劳动积极、服从性好，大胆提意见帮助别人，改造思想汇报好；支部同意其入党。

他的党员候补期从 1949 年 7 月 30 日开始，为期半年，后按期转正。

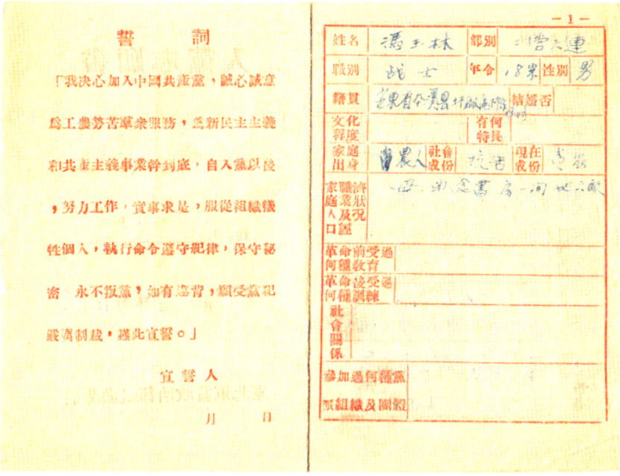

誓　詞

「我決心加入中國共產黨，誠心誠意為工農勞苦群眾服務，為新民主主義和共產主義事業幹到底，自入黨以後，努力工作，實事求是，服從組織犧牲個人，執行命令遵守紀律，保守秘密　永不叛黨，如有違背，願受黨紀嚴肅制裁，謹此宣誓。」

宣誓人

月　日

－1－

姓名	馮玉林	部別			
職別	戰士	年令	18岁	性別	男
籍貫		結婚否			
文化程度		有何特長			
家庭出身		社會成份		現在成份	
家庭人口及經濟職業狀況					
革命前受過何種教育					
革命後受過何種訓練					
社會關係					
參加過何種黨派組織及團體					

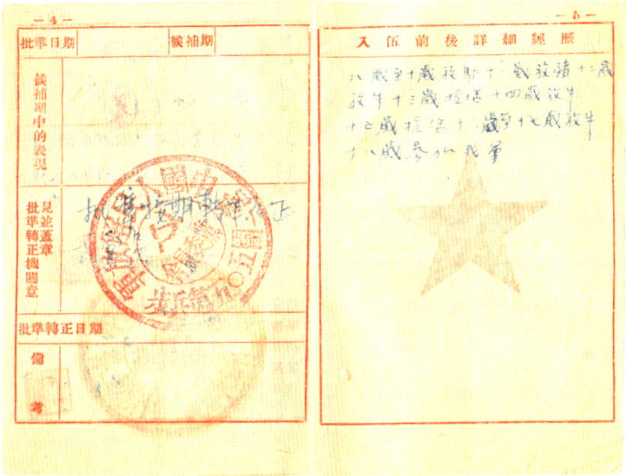

－4－

批準日期		候補期	
候補期中的表現			
批準轉正機關意見並蓋章			
批準轉正日期			
備考			

－5－

入伍前後詳細經歷

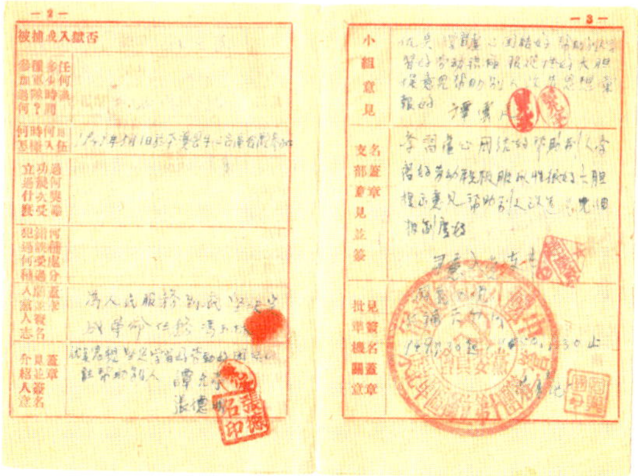

－2－

被捕或入獄否	
參加過何種任何多數黨派時間？	
何時何地參加入伍	
立過何種功受過什麼獎	
犯過何種錯誤受過何種處分	
入黨人簽名蓋章	
介紹人意見並蓋章簽名	

－3－

小組意見	
支部意見並簽名蓋章	
批準機關蓋章並簽名	

藏品五十五

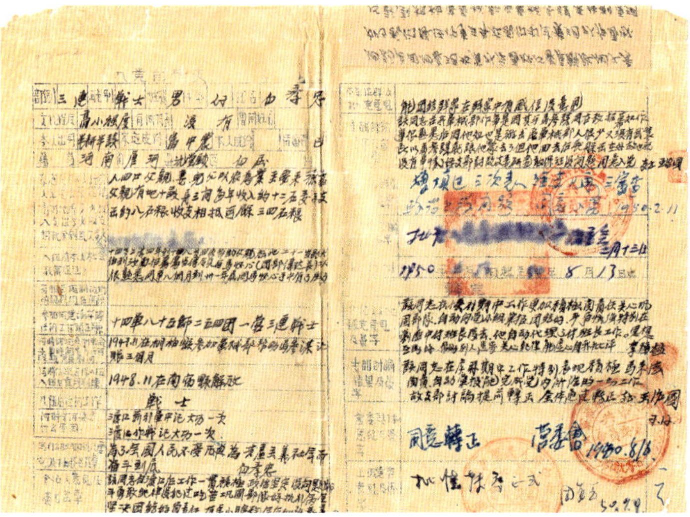

这份入党志愿书的填表人为三连战士白孝忠，27 岁，籍贯河南唐河，高小文化；家有 4 口人、10 亩地，年收麦约 12 石。

他自述 14 岁上学，4 年后回家种地；21 岁跟大伯到汝南招募处当传令兵；1948 年 11 月在南宿县解放后成为解放军战士；曾在渡江前行军中记大功 1 次，渡江作战中记大功 1 次。

入党动机是“为了全国人民不受压迫，为共产主义社会而奋斗到底”。介绍人表示：该同志自渡江后工作一贯积极，政治坚定没问题，战斗勇敢，纪律没犯过……有点小脾气，今后加强教育。群众意见为：能团结群众，在群众中有威信，没意见。另有内容为：曾填过三次表，经支部再三审查，政治上没问题，同意入党。时间是 1950 年 2 月 11 日，其后批准入党的字迹有水浸痕迹。

经过候补期考察，1950 年 9 月 9 日，团党委会批准其转正。

这份入党志愿书是印在一张大纸上的。

填表人樊应炳，47 岁，籍贯河南襄城蓦岭，曾读师校 3 年，机师，会修电话。他自述 14 岁至 16 岁当染坊学徒，16 岁至 28 岁在汉口电信局当工人；30 岁到国民党十三师师部通讯连当机师，1 年后回家务农；33 岁到襄城县做生意，后回乡；42 岁在村公所当通讯员，45 岁到许昌分区电话局工作。

入党动机是："自己在旧社会看到受各级政府和乡保长儿辈受压迫，解放后看到是确实为了穷人打算，（也）就是为自己。全心全意为人民服务，为共产主义事业奋（斗）到底。"

介绍人韩鼎义、韩惠儒认为他工作积极负责，团结好，学习好，耐心助人；缺点是日常生活散漫。"批准机关意见"一栏写道"批准入党，候补期一年"，时间为 1950 年 3 月 21 日。补充材料中，小组同意其按时转正。

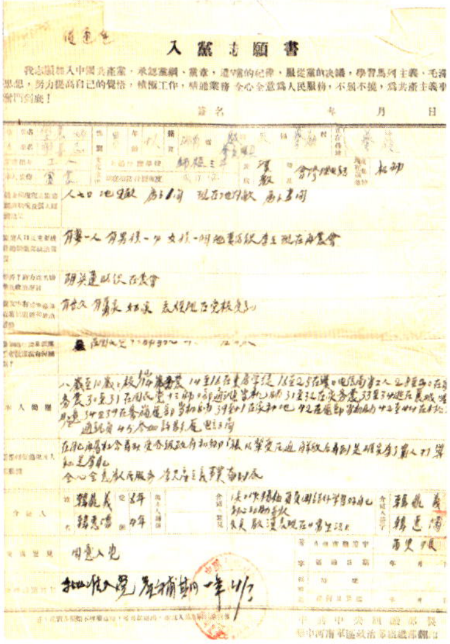
入黨志願書

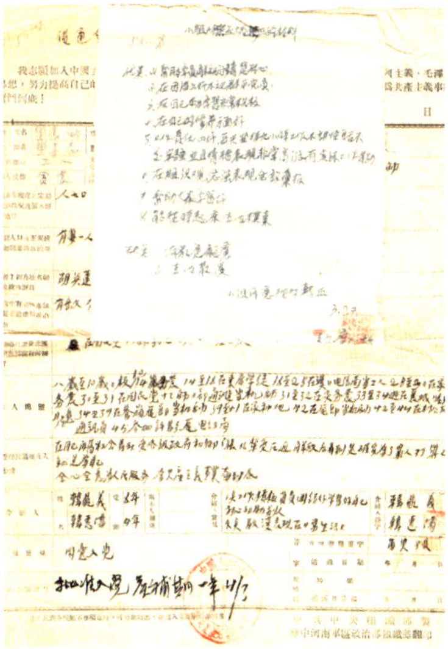

藏品五十七

入黨志願書
部 別 三三八團三營七連
職 別 戰士
姓 名 崔福堂
中國人民解放軍第三野戰軍政治部組織部製

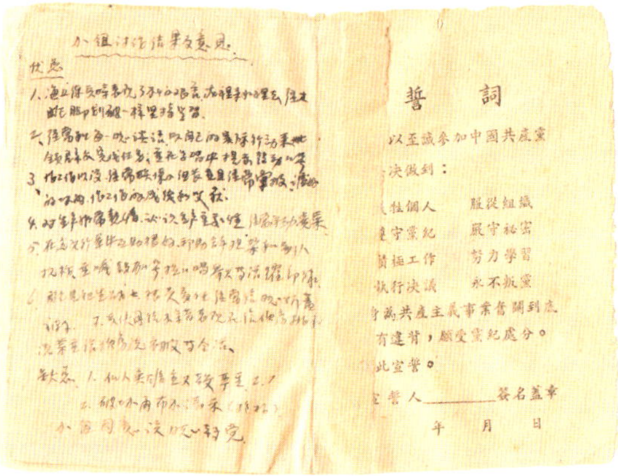
誓詞
以至誠參加中國共產黨
決做到：
牲個人 服從組織
守黨紀 嚴守秘密
極工作 努力學習
執行決議 永不叛黨
為共產主義事業奮鬥到底
有違背，願受黨紀處分。
此宣誓。
誓人＿＿＿＿簽名蓋章
年 月 日

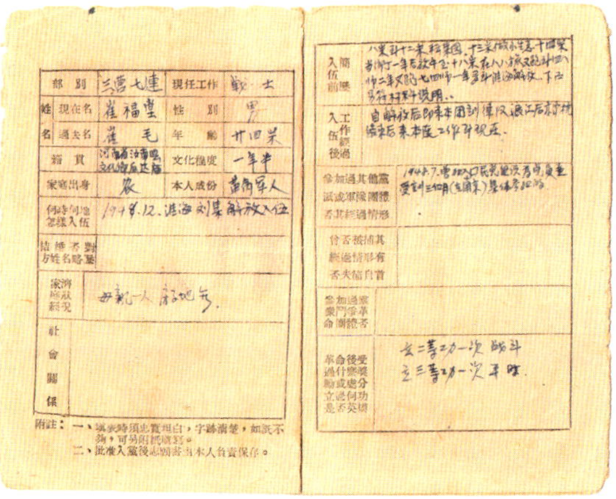
部別 三營七連 現任工作 戰士
姓名 現在名 崔福堂 性別 男
過去名 崔毛 年齡 廿四歲
籍貫 文化程度 一年半
家庭出身 農 本人成分
何時何地怎樣入伍 1948.12. 淮海戰役解放入伍
介紹者姓名職別
家庭經濟狀況
社會關係
附註：一、填表時須忠實坦白，字跡清楚，如紙不夠，可另附紙填寫。
二、批准入黨後志願書由本人負責保存。
入伍前簡歷
入伍後工作經過
參加過其他黨派或軍隊團體及其經過情形
曾否被捕其經過情形有否失節自首
參加過哪些革命團體否
參加革命後受過什麼獎勵或處分立過何功是否英雄

这份入党志愿书的填表人为崔福堂，24 岁，二三八团三营七连战士，籍贯河南汝南，农民出身，家中只有母亲 1 人，无房无地。他自述 13 岁开始做小生意，14 岁当乡丁，1 年后回家放牛，18 岁到国民党八十八旅，后又到国民党四十八师、七十四师，1948 年 12 月在淮海战役刘集解放后加入解放军队伍。参加革命后，他在战斗中立二等功 1 次，平时立三等功 1 次。

对于入党动机，他表示是为了终身为党工作。他认为党的纲领是正确的，能为人民服务，真正爱护人民利益是非常光荣的，决心将革命进行到底。在“你对目前时局认识如何”一栏中，他写道：“革命虽然取得了胜利，但是还有困难，还有办法克服，我认为首先必须肃清残敌，建设新中国。”本页有其签名与手印。

支部讨论结果为：“同意该同志入党，工作积极性与战斗勇敢性应该继续发挥下去，克服个人尚存在的个人英雄主义，提高政治觉悟性，争作（做）群（众）模范。”

经团党委会批准，其党员候补期自 1950 年 4 月 12 日至 1950 年 10 月 12 日。该志愿书还附有隋原平整理的“崔福堂之履历说明”。

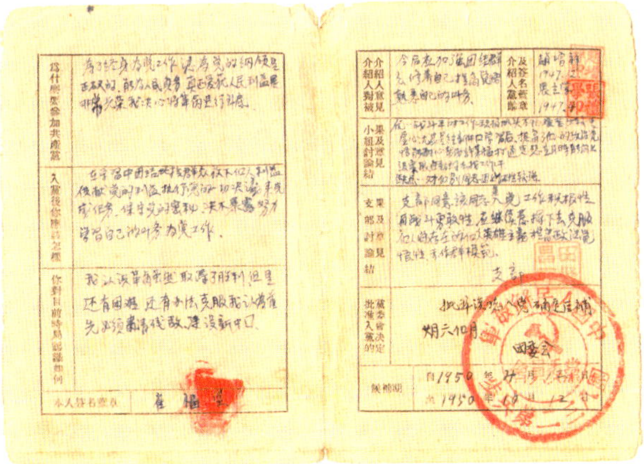

為什麼要參加共產黨	[illegible]
入黨後你應該怎樣	[illegible]
你對目前時局認識如何	我认为革命虽然取得了胜利但是还有困难还有办法克服我认为首先必须肃清残敌建设新中国。
本人簽名蓋章	崔福堂

介紹人對被介紹人意見	[illegible]
小組討論意見及結果	[illegible]
支部討論意見及結果	[illegible] 支部
黨委會批准入黨的決定	[illegible] 團委会
候補期	自1950年4月12日 至1950年10月12日

藏品五十八

这是一份由东北军区后勤东线政治部组织科制的“入党志愿表”。

填表人朱忠才，27 岁，湖南军区卫生部管理员，籍贯河南商丘，家庭成分为贫农；1945 年自愿入伍，参加过 1 次作战，负过 1 次伤。

他的入党动机是“为人民解放，为党服务，坚决为共产主义奋斗到底”。介绍人认为他“忠实可靠，苦干的精神好，能完成一般的工作任务”，但缺点是“个性强，说话不注意，工作办法少”。

小组意见指出其优点是“对自己的缺点诚恳，转变较快”。支部同意其入党，党委会批准，候补期半年，从 1950 年 4 月 5 日开始。

另附“朱忠才转正材料”1 份。小组意见为：全组讨论同意转正。支部同意其按期转正，要求他加强政治修养。为此，中国人民解放军中南军政大学第一分校第三大队政治处专门打了报告，文末为“大队党委同意按期转正，特谨呈校党委批示（退回备案）”。同年 12 月 1 日，第一分校党委会批准并加盖了印章。

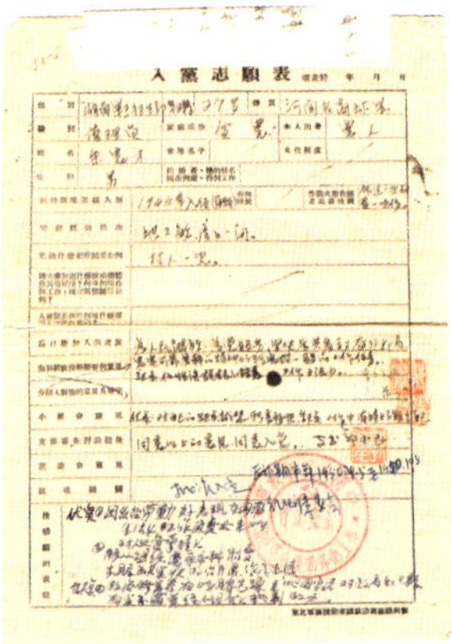
入黨志願表

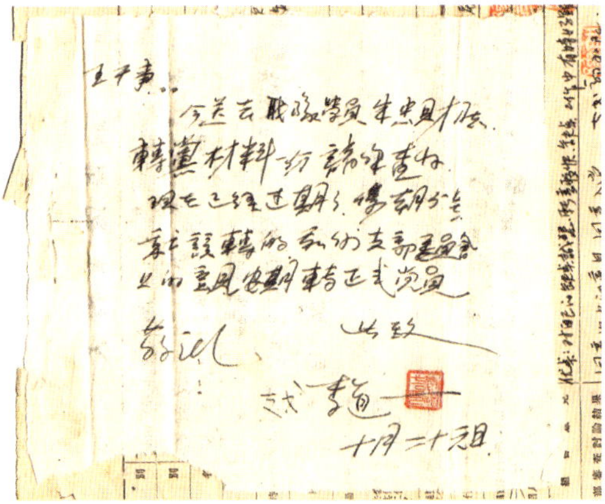

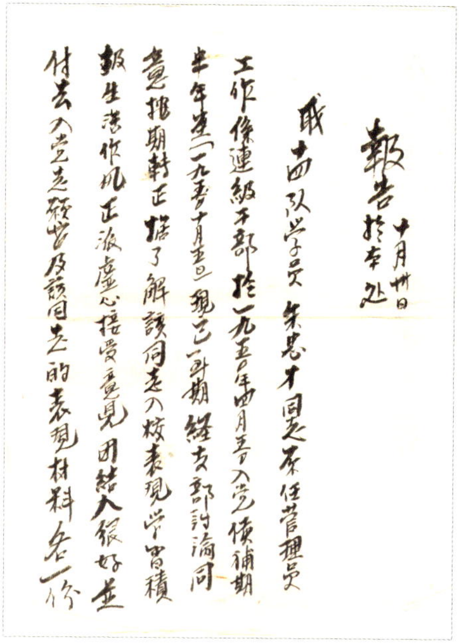

報告 十月卅日 於本处

我西队学员朱忠才同志原任管理员工作係連級干部 於一九五〇年四月五日入党候補期半年至(一九五〇年十月五日)現已到期 經支部討論同意按期轉正 據了解該同志入校表現学習積極 生活作風正派 虛心接受意見 团結人很好 並付去入党志愿書及該同志的表現材料各一份

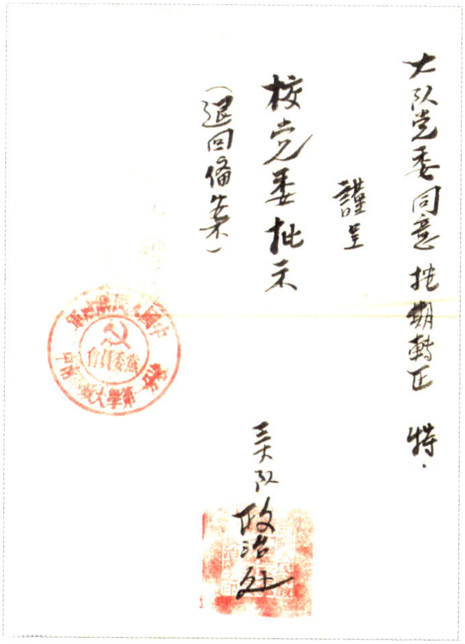

大队党委同意按期轉正 特

謹呈

校党委批示

(退回備案)

三大队 政治处

藏品五十九

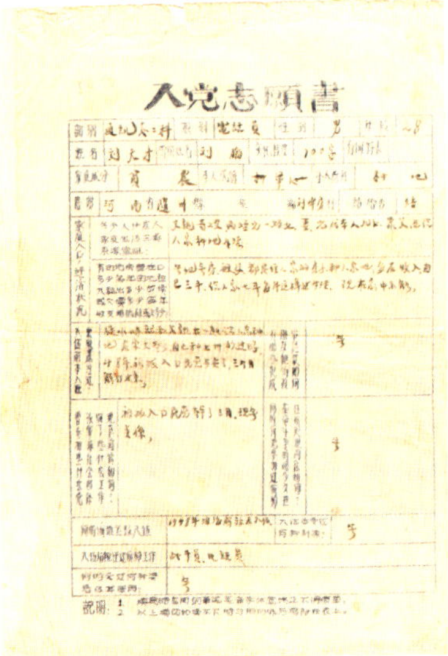
入党志愿書

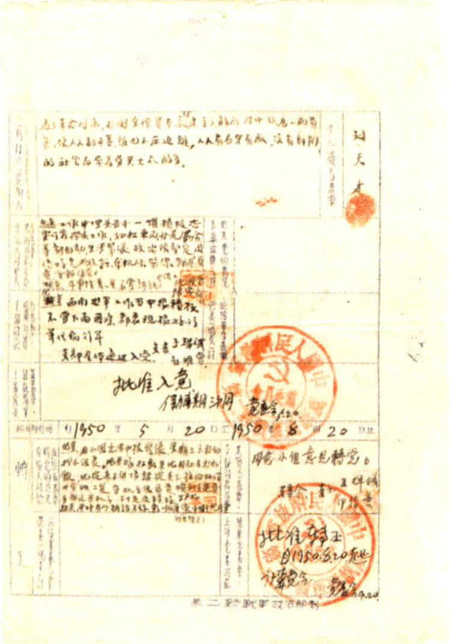

这份入党志愿书由第二野战军政治部制。

填表人刘天才，28 岁，通讯处二科电话员。其籍贯河南随州（现属湖北），家庭成分为贫农。他自述家有 9 口人，靠父、兄给人种地为生，无地无房，祖辈都是住人家的房子、种人家的地，每石收入自己留 3 斗、给人家 7 斗，每年这样过生活。

他写道：从小就和父亲在一起给人家种地，后来大些了，自己种上 30 亩过日子；1948 年被抓入国民党军队当兵，3 个月后，在淮海战役中被解放后入伍解放军。

支部认为他在西南进军工作当中很积极，不管下雨还是遇到其他困难都表现很好，还带病行军，全体通过其入党；党委会批准候补期 3 个月，从 1950 年 5 月 20 日开始；后又批准其按期转正，从 1950 年 8 月 20 日起计算党龄。

这份入党志愿书的填表人为任德云，23 岁，西康军区七分院通讯副班长；籍贯河南商丘，农民家庭，家中有 8 口人、3 亩地、5 间房。

他自述从小在家拾柴、拾粪，后到裁缝铺当学徒；17 岁被迫到了国民党军队，1945 年任班长；1946 年 12 月在陇海战役中被解放，参加了解放军，因工作积极立小功 1 次。入党动机是“看到共产党真正是为劳苦大众服务的政党，是帮助领导人民翻身的救星，也只有参加共产党才有前途、才有出路，自己才能澈（彻）底翻身”。

介绍人为王志斌、王先亨，认为他“思想坚定，工作积极负责，能吃苦耐劳，完成上级给予他的一切任务。在班内有领导能力，团结好，斗争性强”。他的党员候补期半年，后按期转正，党龄从 1950 年 12 月 16 日开始计算。

该份入党志愿书后附有任德云的“历史自传”。

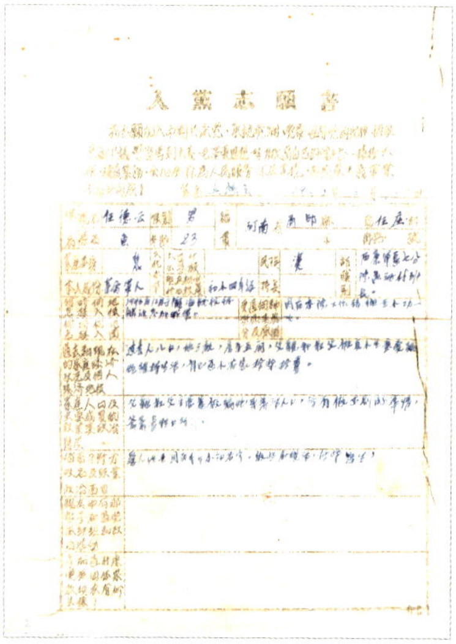
入黨志願書

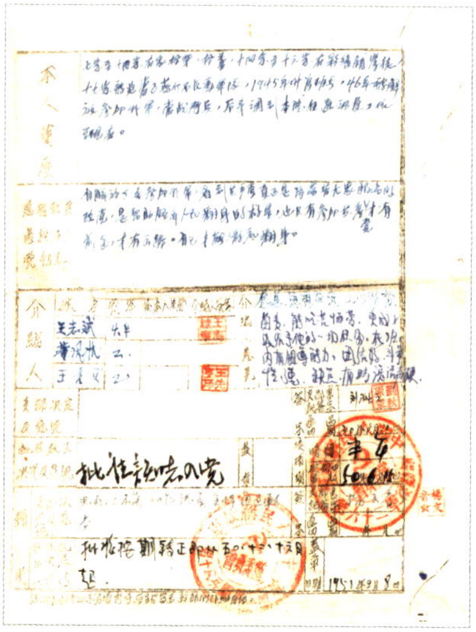

藏品六十一

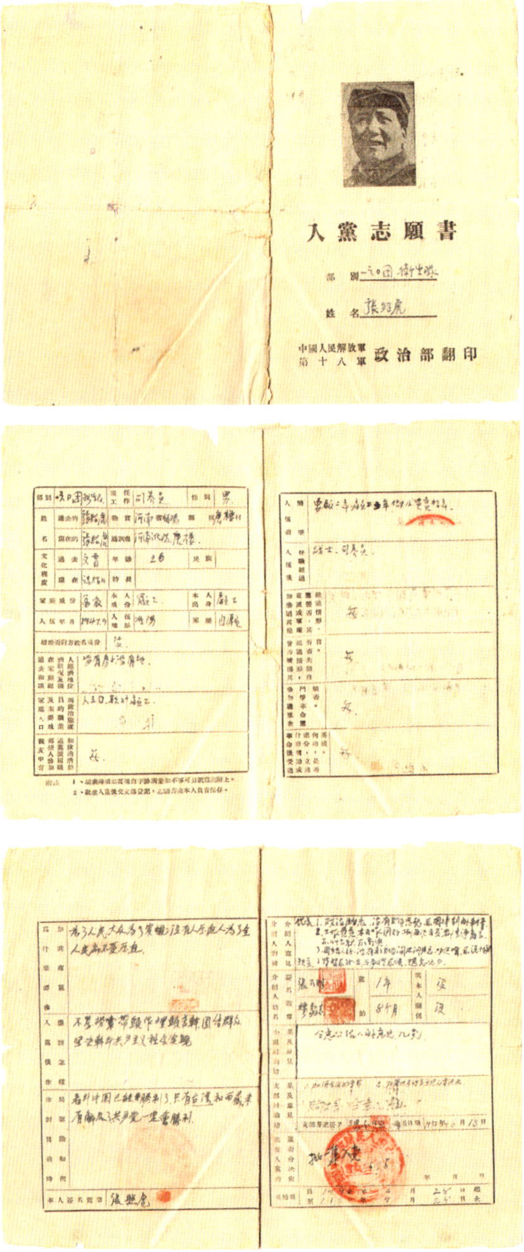

入黨志願書

部別 一六○团衛生隊

姓名 張炤虎

中國人民解放軍第十八軍政治部翻印

这份入党志愿书的填表人为张绍虎，26岁，一六〇团卫生队饲养员；籍贯河南淮阳，贫农家庭，家中3口人，无房无地。

据他介绍，自己是1947年9月自愿入伍的。之前曾要饭2年，做雇工3年，做小买卖10年。入党动机是“为了人民大众，为了实现没有人压迫人”。他表示自己入党后将带头埋头苦干，团结群众，坚决干到共产主义社会实现。

介绍人是张正明、穆毅志。在他们看来，张绍虎政治坚定，工作负责，如“每次出发都是争着去，不叫去就不高兴”，并且团结人好。

支部意见认为其应加强今后的学习，加强修养，多团结人，要活泼，同意入党。党委批准其入党，候补期3个月，从1950年6月28日开始计算党龄。

在“转党表”一页中，介绍人表示他积极性高，作为饲养员对马匹很关心。小组意见认为他思想坚定。

经党委批准，他于1950年10月20日转为正式党员。

这份入党志愿书用薄绵纸印制而成，填写日期为1950年6月16日。

填表人孙耀清，24岁，工兵连战士，籍贯河南唐河。

他自述8岁至13岁上学，后至20岁为农，“社会关系”是“好与买卖人接近”；曾在联防队干了3个月；于1948年在指挥部自愿入伍，担任过副班长、班长，后因为开小差1次，被撤职。

他的入党动机是：不愿受地主压迫剥削，要为人民服务到底，要为人民翻身到底。并表示入党后不闹个人问题，带头苦干，积极工作，完成上级所给的生产任务，遵守纪律。

介绍人认为他思想互助好，汇报及时，解释问题多，经常劳动还带病工作。小组讨论认为他的责任心强，个人学习好，团结好。经支部通过，营党委批准其入党，候补期半年，自1950年6月25日开始算起。

在“转正表”中，支部大会通过其转正，胡佩兰签名盖章。经党委会批准，他的党龄自1950年12月25日开始计算。与入党志愿书一道的还有他的“复员建设军人登记表”。

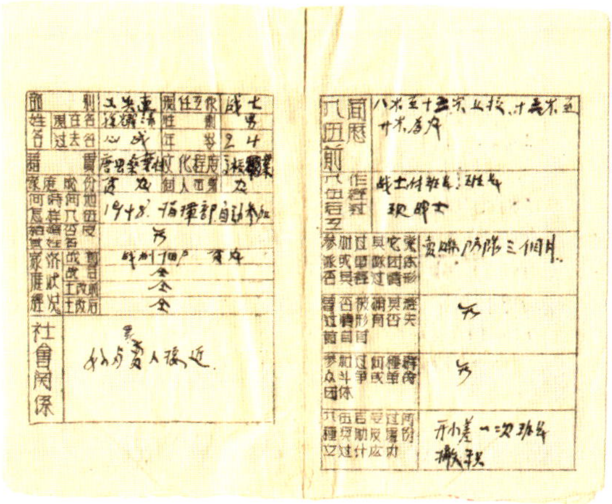

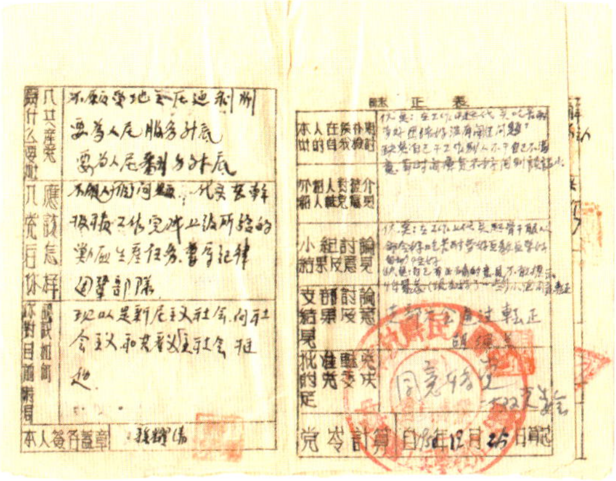

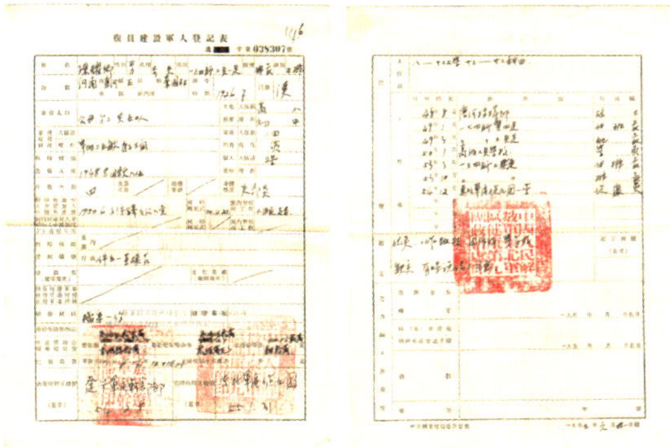

第一部分

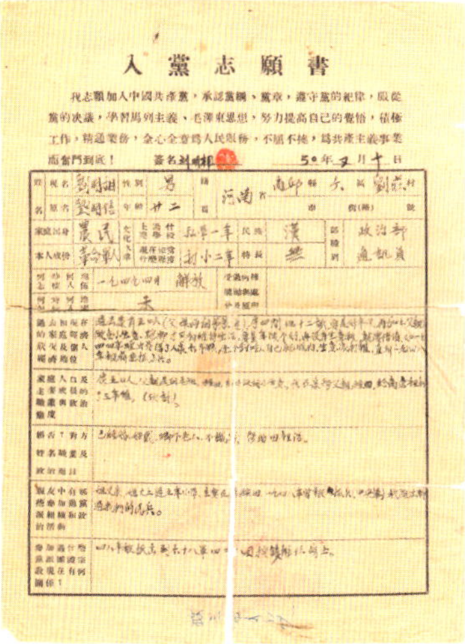

入黨志願書

我志願加入中國共產黨，承認黨綱、黨章，遵守黨的紀律，服從黨的決議，學習馬列主義、毛澤東思想，努力提高自己的覺悟，積極工作，精通業務，全心全意爲人民服務，不屈不撓，爲共產主義事業而奮鬥到底！

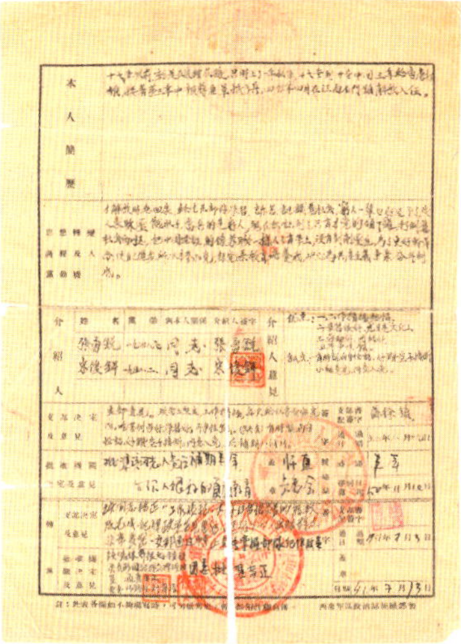

这份入党志愿书是双面铅印的。

填表人刘明相，22岁，政治部通讯员；籍贯河南商丘，农民出身；家有5口人、4间房、12亩地。

据他介绍，过去如果收成好，再靠父亲做点小生意，家中可维持生活，反之就要借债。1944年蝗灾，因借了粮还不够吃，他到城里打杂。1948年他被国民党军队“抓了兵”，1949年4月在江西石门镇解放后入伍。

入党动机是：为了更好干革命，使自己进步，所以才参加党。

介绍人张勇锐、宋俊铎认为其工作积极热情，尤其是文化学习很好，劳动好、团结好，斗争性强。支部意见认为其政治坚定，同意入党。经党委会批准，从1950年11月12日开始为其党员候补期。后在1951年7月13日团委批准其转正。

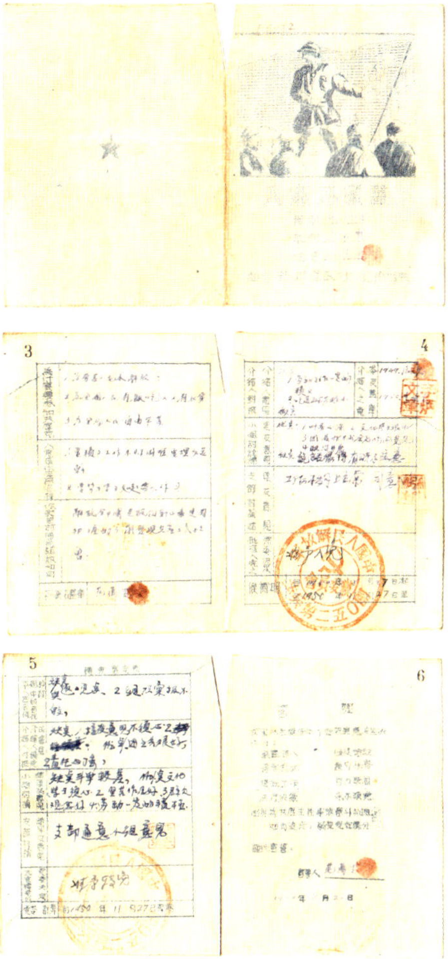

这份入党志愿书由华东野战军政治部组织部制，用厚白纸、蓝色油墨印成。封面上方主要背景是在党旗下，一位军人正指挥着队伍朝气蓬勃地出发。

填表人范万里，27岁，迫炮连通讯员，籍贯河南虞城，贫农家庭。家有10口人、10亩地、5间房。他于1949年1月参加解放军，入伍后立三等功与四等功各1次。

入党动机是：为劳苦人民求解放；为全国人民有饭吃，人人有衣穿；为全国人民自由平等。

介绍人张文思、李炳文认为范万里劳动工作一贯积极，吃苦耐劳。小组意见认为其业务心强、文化学习很好、团结好。支部同意其入党，党委批准。经过3个月候补期，1950年11月27日党委准予其转正。

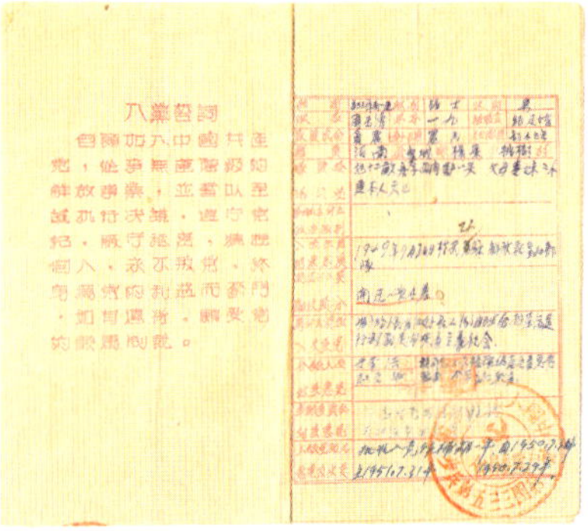

这份入党志愿书的填表人为周玉清，五三三团一营机枪连战士，19岁；籍贯河南虞城，贫农家庭，家有6口人、10亩地、4间房、1头驴；读过3年初小。

他写道，自己于1949年7月20日武功县解放后参加部队。入党动机是：参加党好比参加自己的家，为了给人民当个好长工，为了自己生命把革命进行到底，走向共产主义社会。介绍人于李法、赵文华认为他工作积极，认真负责，思想较好。支部委员会的意见是“该同志对党的认识较错（有差距），有（待）加强党的教育”。党委会批准了他入党，候补期1年，自1950年7月31日算起。

“转党表”及转正材料内容显示，他在候补期间工作积极，学习很虚心，没事就学文化，从之前认识300字努力学到能认识1000字；而且思想意识好，不讲个人问题，有民主作风，能和群众打成一片，能及时反映真实情况，党性较强，思想意识表现也很好。营党委会同意支部意见，批准其转为正式党员。他的转正日期为1951年7月30日。

周玉清同志转党材料

该同志来党以来在小组工作是一贯积极，学习非常虚心，如以前只认三百字经她努力的学习现能认一千字，思想意识好，不讲个人问题，有群众作风，能和群众打成一片，能及时反映真实情况，党性较强，生活紧张，就是在后补期内她的思想意识表现也很好，同意支部意见转为正式共产党员

党委会

1951.8.19

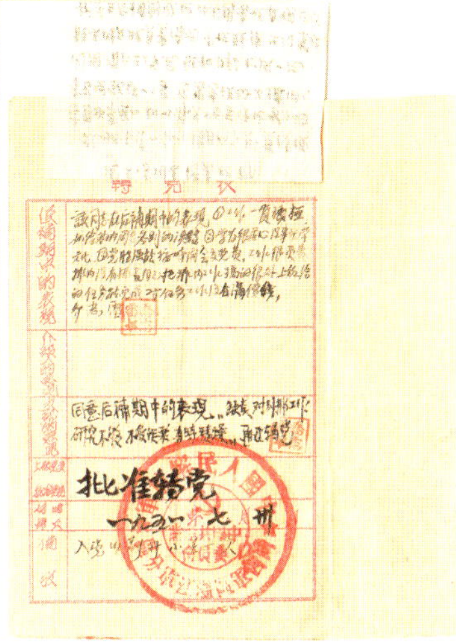

转党意见

批准转党

一九五一.七.卅

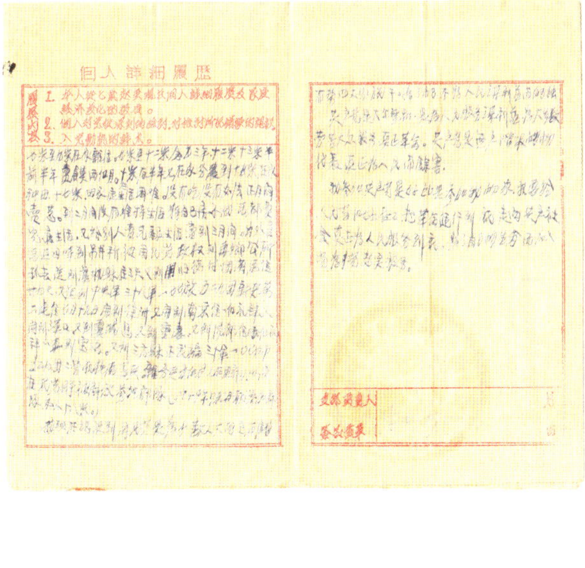

个人详细履历

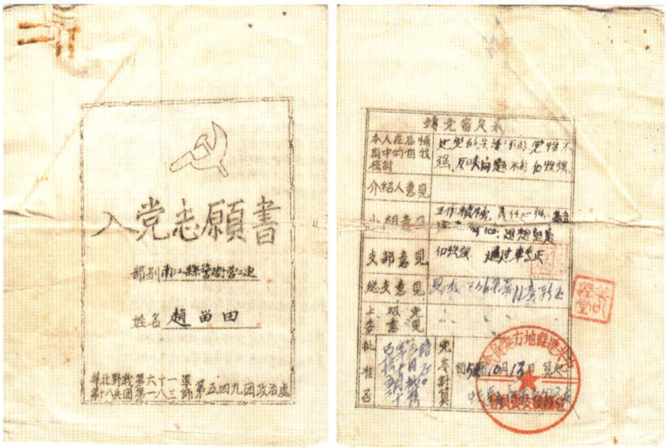

入党志願書

部别 南江縣警衛營二連

姓名 趙尚田

華北野戰軍第六十一軍第十八兵團第一八三師第五四九團政治處

本人在思想中的自我檢討	史史的失落…党性不强，反映问题不彻底
介紹人意見	
小組意見	
支部意見	仍欠缺 通过
總支意見	
上級党委意見	

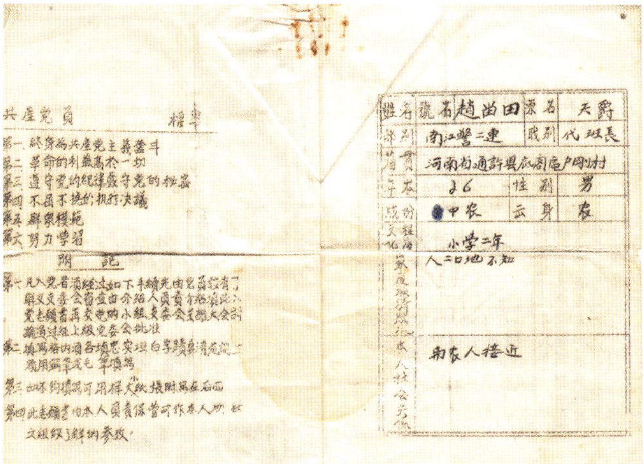

共產党員 標準

第一 終身為共產党主義奮斗

第二 革命的利益高於一切

第三 遵守党的紀律嚴守党的秘密

第四 不屈不撓的執行決議

第五 群眾模範

第六 努力學習

附記

第一 凡入党者須經过如下手續先由党員發有了解又支委会審查由介紹人員負責介紹填寫入党志願書再交党的小組支委会支部大会討論通过經上級党委会批准

第二 填寫格内須各填忠實坦白字蹟要清楚须一律用鋼筆或毛筆填寫

第三 如不夠填寫可用樣大（小）紙張附寫在后面

第四 此志願書由本人負責保管可作本人以後文組织了解的參考

姓名	趙尚田	原名	天爵
部别	南江警二連	職别	代班長
籍貫	河南省通許縣大岡廟户岡村		
年齡	26	性别	男
成份	中农	出身	农
文化程度	小学二年		
	人口土地不知		
本人社会关係	和农人接近		

见证初心

这份入党志愿书用薄绵纸印制，填表人为南江县警卫营二连 26 岁的代班长赵留田。其籍贯河南通许，家庭成分是下中农，家有 2 口人。

他自述自幼至 17 岁务农，18 岁被抓到国民党四十六师当兵 4 年；后到特务团二营当副班长 10 个月、班长 2 年多，又升任少尉排长 3 个月。1949 年 5 月太原解放，他在辛村参加了解放军队伍，曾参加过扶眉战役、秦岭战役。

入党动机是：因共产党是救人民的党，终身献于人民，坚决为人民服务到底。

介绍人鲁盈辰、孟宪章认为赵留田虚心学习，教育有方，管理大胆，工作积极，斗争性好，忠实可靠。“总支意见”是：加强对党认识，同意入党。营党委会批准日期为 1950 年 9 月 30 日，候补期半年。

在“转党审定表”中，小组认为他责任心强，思想坚定。经支部、总支批准转正，从 1952 年 10 月 13 日开始计算党龄，盖“中共达县地方委员会直属总支委员会”印章。

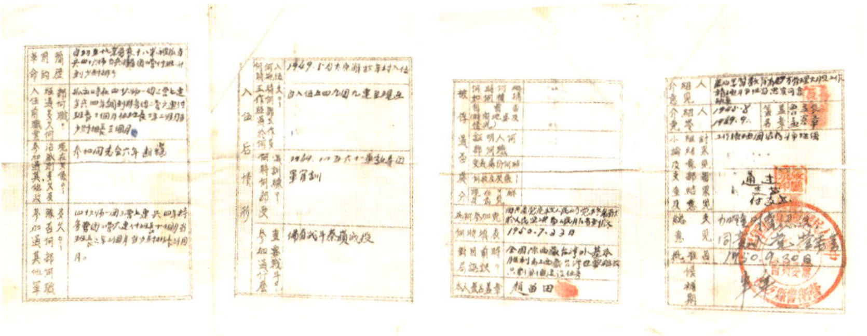

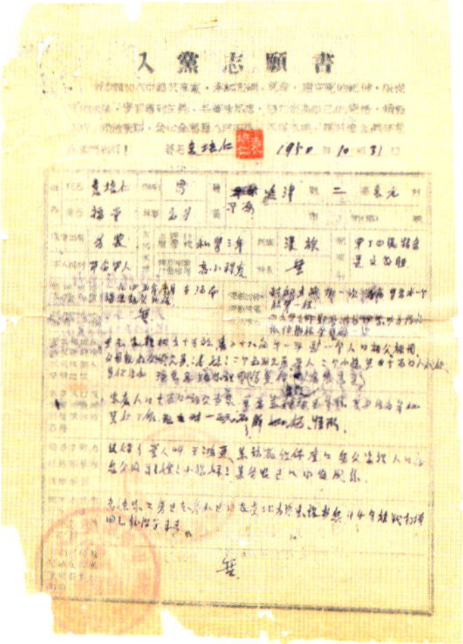

入黨志願書

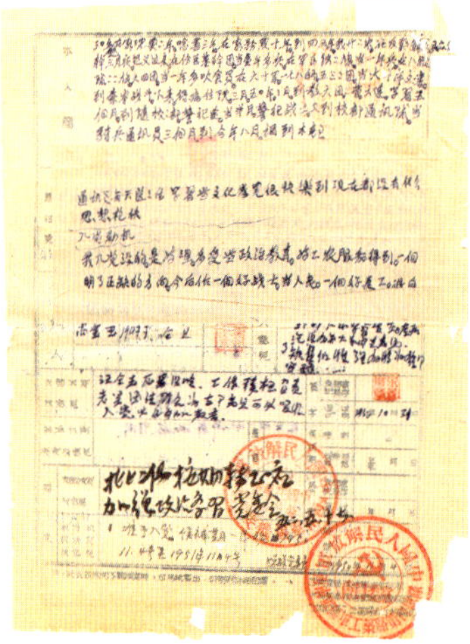

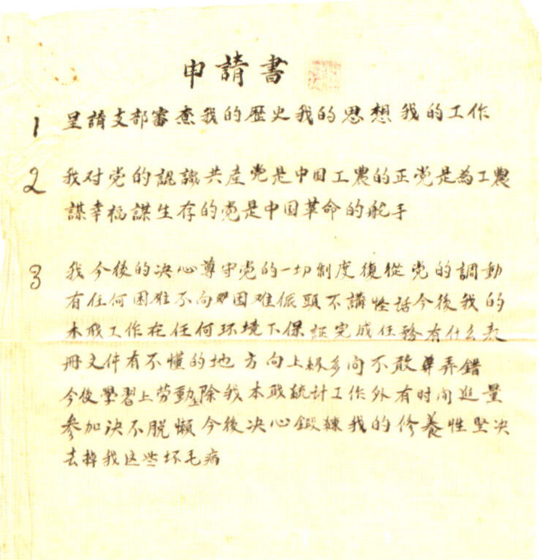

申請書

1 呈請支部審查我的歷史我的思想我的工作

2 我对党的認識共産党是中国工農的正党是為工農
謀幸福謀生存的党是中国革命的舵手

3 我今後的决心尊守党的一切制度復從党的調動
有任何困难不向困难低頭不講怪話今後我的
本職工作在任何环境下保証完成任務有什么去
冊文件有不懂的地方向上級多问不敢身弄錯
今後學習上劳動除我本職統计工作外有时间進量
參加决不脱懶今後决心鍛練我的修養性堅决
去掉我这些坏毛病

见证初心

这是一份手工刻版、蓝色油墨印制的入党志愿书。

填表人袁培仁，27岁，军工团总特务连文书。其籍贯平原延津，贫农出身，上过3年学，家有15口人、65亩地、16间房子。1945年1月在河南滑县起义入伍，在封丘立战功1次，奖励学习本1个、铅笔1支。

他认为通讯员每天送送信，学习些文化，感觉很快乐，到现在都没有什么思想包袱；入党动机是“为理（想），多受些政治教育，为工农服务，得到一个明了、正确的方向”。并表示今后要“作(做)一个好战士，当人民一个好长工”。

介绍人米景才、尚金玉认为袁培仁工作积极，忠于人民，团结好，在群众中有威信，帮助大家学习，一贯态度好，没有与大家闹过意见。

支部认为可以吸收他入党，以后多加教育。总队党委会准予其入党，候补期1年，从1950年11月4日开始算起。1952年5月16日，党委会批准其按期转正。

这份资料中还包括袁培仁的“候补期当中的检讨”以及“申请书”。

藏品六十八

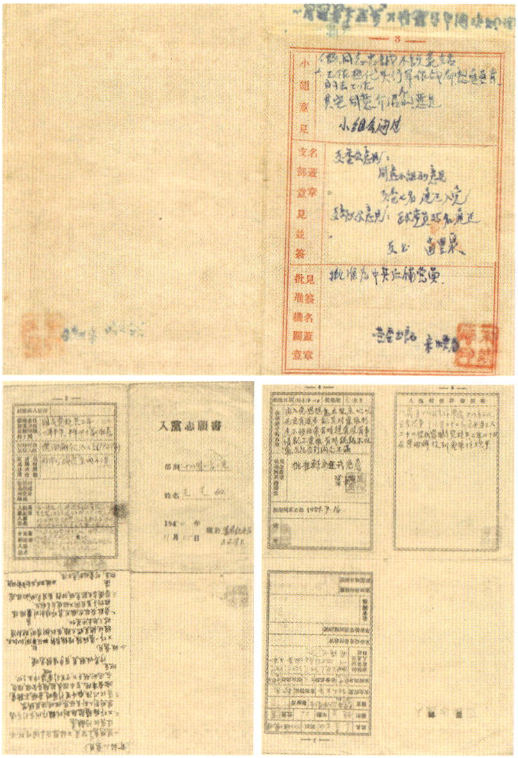

这份入党志愿书使用灰色土纸、红色油墨印制封面，由二十八团一营二连炮手王芝如于 1950 年 11 月 15 日填写于沈阳铁西区。誓词页没有印刷或填写内容。

他自述籍贯平原延津，初小文化，家中人口多，种地为生。他 8 岁至 18 岁在家做零活，19 岁至 22 岁到东北当工人，22 岁被抓进国民党军队当炮兵 2 年，24 岁在辽西解放后入伍解放军，曾在内伶仃战役中立 2 个小功。

他写道：“自入团后，经组织的教育认识到党是为穷人谋幸福的，我也是个穷人，所以必须要靠近党，为人民多做事，坚决执行党的决议，为人民事业奋斗到底。”

其党员候补期 6 个月，批准日期是 1951 年 1 月 16 日；1951 年 7 月 16 日其被批准转正，“批准”栏中有巩长兴签名盖章。

这份由灰色土纸印制的入党志愿书的填表人为周庆中，30 岁，籍贯平原延津，当时工作为副村长。他自述上过 5 年私塾，16 岁务农经商，21 岁在延津皇协军，23 岁又回乡务农，1948 年在本村当保书记 3 个月，后一直半农半商。

关于入党动机，他写道："为（以）前受官僚资本封建剥削，现在土改政策为无产阶级设想，打倒封建制度而思想转变参加革命入党。"介绍人麻士军认为周庆中工作负责积极，服从领导；支部工作组同意其入党，党委批准，党员候补期为 6 个月。

后有一页为"注意"，内容为："甲、介绍人对被介绍人应负完全责任，如有不实，介绍人须受处分，以致开除党籍。乙、被介绍人如曾参加过其他党派，应详细填写经过、现在的关系和对从前加入党派的意见。丙、有何特长，如开汽车、修理机器、唱歌、演剧都属之。丁、党员资格一项，填正式党员或候补党员。"

党志願書
甲種表之一

藏品七十

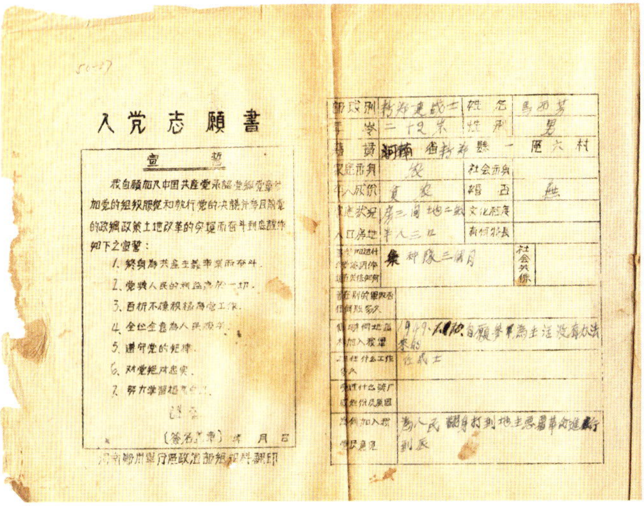

入党志願書

宣誓

我自願加入中国共產黨承認黨綱黨章參加党的組織服從和執行党的決議并爭取黨的政綱政策土地改革的實現而奮斗到底謹作如下之宣誓：

1、終身為共產主義事業而奮斗。
2、党與人民的利益高於一切。
3、百折不撓积極為党工作。
4、全心全意為人民服务。
5、遵守党的紀律。
6、对党絕对忠实。
7、努力学習提高自己。

（簽名蓋章） 年 月 日

部隊別	新郑建設二	姓名	馬西芳
年齡	二十足米	性別	男
籍貫	河南省新郑縣一區六村		
家庭出身	农	社会出身	
本人成份	貧農	婚否	無
經濟状况	房三间 地二畝	文化程度	
人口房地	人口三口	有何特長	
曾參加過什麼黨派团体	集训隊三個月	社会关係	
曾否別的黨派团体組織服務			
何時何地由何人加入軍隊	1949、自願參军為生活沒有办法來的		
現任什么工作	任戰士		
曾经什么鉴定			
為何加入党	為人民翻身打到地主恶霸革命進行到底		

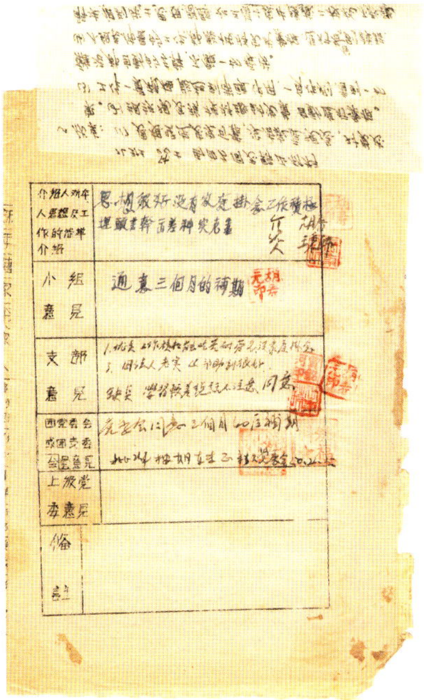

介紹人对本人思想及工作的簡單介紹	思想很好没有家庭掛念工作積極埋頭苦幹 介紹人
小組意見	通過三個月的候補期
支部意見	同意
團党委会或團支委会意見	三個月候補期
上級党委意見	
備註	

见证初心

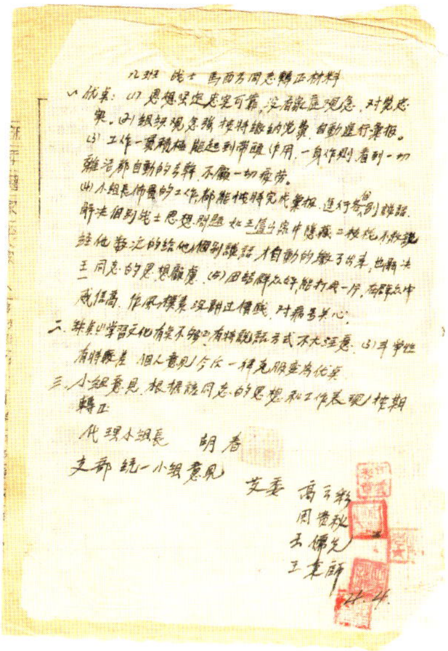

九班 战士 马西芳同志转正材料

一、优点：(1)思想坚定忠实可靠，没有家庭观念，对党忠实。(2)组织观念强，按时缴纳党费，自动进行汇报。(3)工作一贯积极，能起到带头作用，以身作则，看到一切杂活都自动的去干，不顾一切疲劳。(4)小组长布置的工作都能按时完成汇报，进行個别谈话，解决個别战士思想问题，如[illegible]中隐藏[illegible]，经他教育的给他個别谈话，才自动的缴了出来，也解决王同志的思想顾虑。(5)团结群众好，能打成一片，在群众中威信高，作风朴素，没闹过情绪，对病号关心。

二、缺点：(1)学习文化有些不够，(2)有时说话方式不大注意，(3)斗争性有时较差，個人意见今后一律克服变为优点。

三、小组意见：根据该同志的思想和工作表现，按期转正。

代理小组长 胡春

支部 统一小组意见

支委 [illegible] 周贵秋 [illegible] 王秉师

这份入党志愿书的封面有一个黑色油印方框，方框上方居中位置是“入党志愿书”5个大字；方框内最上方是“宣誓”2字，随后是2条横线，下方体现出誓词内容；由河南郑州军分区政治部组织科翻印。

填表人马西芳，22岁，新郑一连战士，籍贯河南新郑；家有3口人、2亩半地、3间房。他自述16岁在家务农，“集种队3个月，给家做活6年，卖菜4个月”，1949年1月10日自愿参加解放军。

入党动机是“为人民翻身，打到（倒）地主恶霸，革命进行到底”。

介绍人胡春、王秉师认为他思想很好，没有家庭挂念，工作积极，埋头苦干，忠实可靠。“小组意见”为“通（同）意，三个月的（候）补期”，盖章人为胡寿元。“支部意见”为：工作积极，能吃苦耐劳；没家庭挂念；团结人，老实；帮助别人很好。党委会同意，3个月的候补期。该栏中还有“批准按期转正 新人党委会”的字样，时间为1950年4月5日。

▌藏品七十一

这份入党志愿书由中国人民解放军第十兵团福建军区政治部组织部制。封面上方的图案中有位立于高地之上的军人，在迎风飘扬的红色党旗下，指挥战士们向前冲锋。整幅构图设计新颖别致、大气有力、用色鲜亮，令人过目难忘。

填表人张英秀，20 岁，九三师后勤处通讯员。他出身于贫农家庭，家中只有 1 间房。他入伍前从 8 岁至 15 岁拾草干杂活，15 岁到国民党十九军当兵，待了 3 年半。1948 年 11 月，他在灵璧解放后参加了解放军，入伍后立三等功 1 次、四等功 2 次。

在“为什么要参加共产党”一栏中，他写道：为了解放被压迫者，解放全中国，使人民再不受压迫，不受统治，永远翻身；共产党是自己的党，是为穷人服务的，为了为人民服务到底，故要入党。并且表示自己在入党后会做到：工作中带头干，比没入党前更加努力积极，不发牢骚、不向困难低头；听从组织分配，遵守党的纪律，维护党的政策。

介绍人为林寿南、叶德林。小组讨论认为张英秀的优点有：政治立

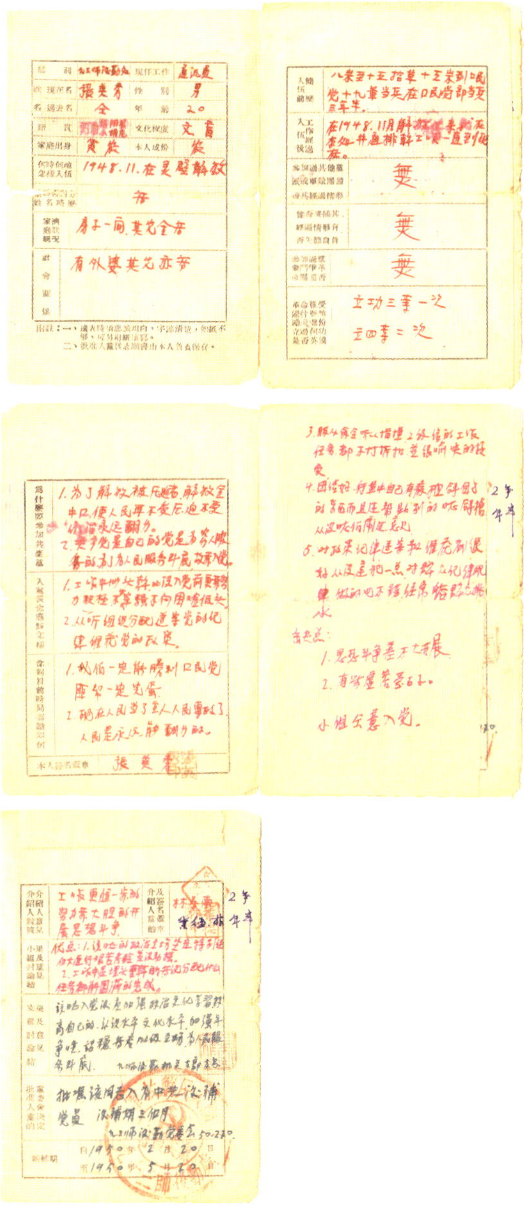

场坚定，特别是接受艰苦考验不动摇；工作中埋头苦干，无论分配什么任务都能圆满完成；服从命令、团结好，从来没有与同志们闹过意见；对政策纪律遵守维护好，经常给群众挑水。小组同意他入党。

“支部讨论结果及意见”为：该同志入党后应加强政治文化学习，提高自己的认识水平、文化水平，加强斗争性，站稳无产阶级立场，为人民服务到底。

九三师后勤党委会批准他成为候补党员，候补期为1950年2月20日至1950年5月20日。

藏品七十二

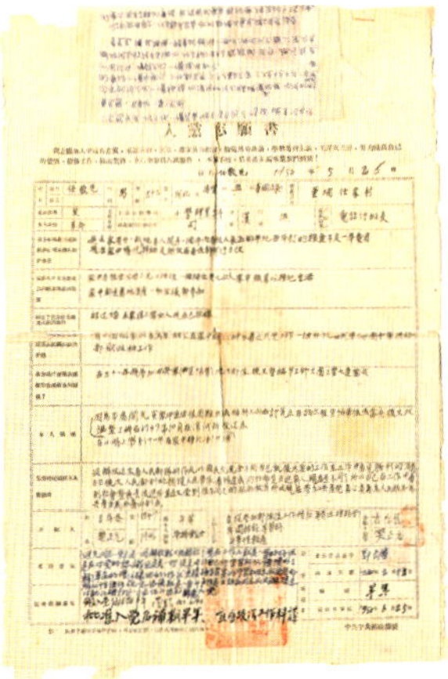

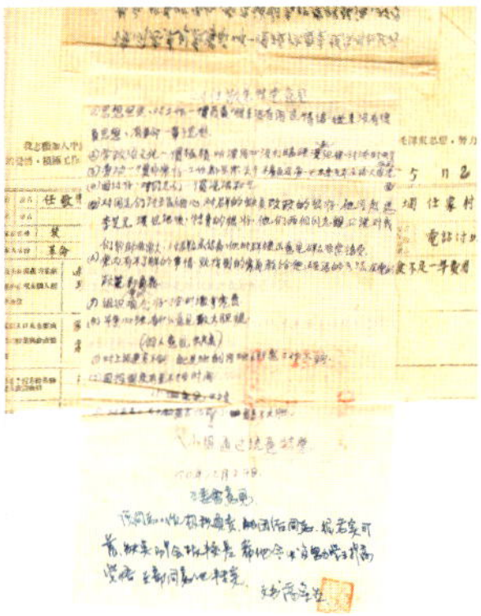

这份入党志愿书的填表人为任敬先，32岁，河北清丰人，农民家庭出身，职务为电话副班长。

他自述上学到11岁，后回家种地；23岁因本地闹荒灾，家中生活很困难，于是逃荒去山西；在路上被皇协军抓去当兵，后又改编整三师；1947年10月在漯河解放后参加了解放军。

入党动机是：“从解放过来看人民部队的作风比国民党完全不同，自己就很老实的（地）工作，在工作中看见胜利的消息日日扩大，人民都到处拥护人民军队，看到过去的社会是压迫穷人，现在是不同了。所以自己在工作中看到社会发展是很进步，并且又受到很多同志的帮助教育，所以现在参加共产党，真心真意为人民服务，为共产主义而奋斗到底。”

经过半年候补期，他被批准转正，从1950年12月25日开始计算党龄。

这份入党志愿书的填表人为贺建法，23 岁，通信连电话副班长，籍贯山东，农民家庭出身。

他自述从 7 岁放羊、拾柴，15 岁当兵，先在区里，后升级到冀鲁豫的五团当通讯员。入党动机为：一为革命服务，二为了自己求幸福自由。介绍人赵清海、陈立生认为他吃苦耐劳、学习好、思想转变好。经过支部同意，党委会批准其入党，候补期半年，从 1950 年 7 月 28 日开始计算。在“候补期”一栏的下方，有三大队党委于 1951 年 5 月 5 日的情况说明：“因未代（带）候补期材料，讨论转正是由在三大队的学习情况决定的，故准予由三月二十八日起（本年）为正式党员。”

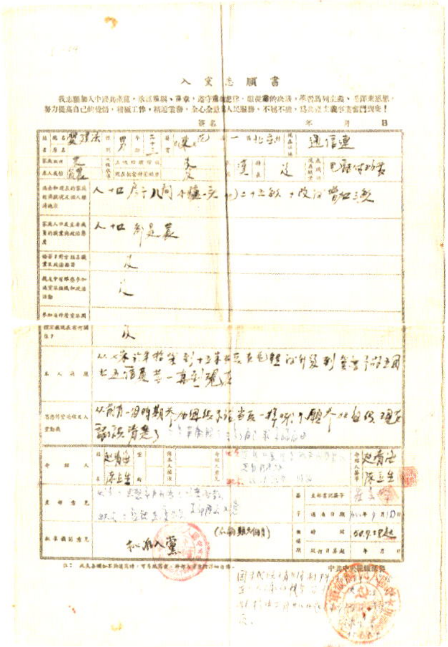
入黨志願書

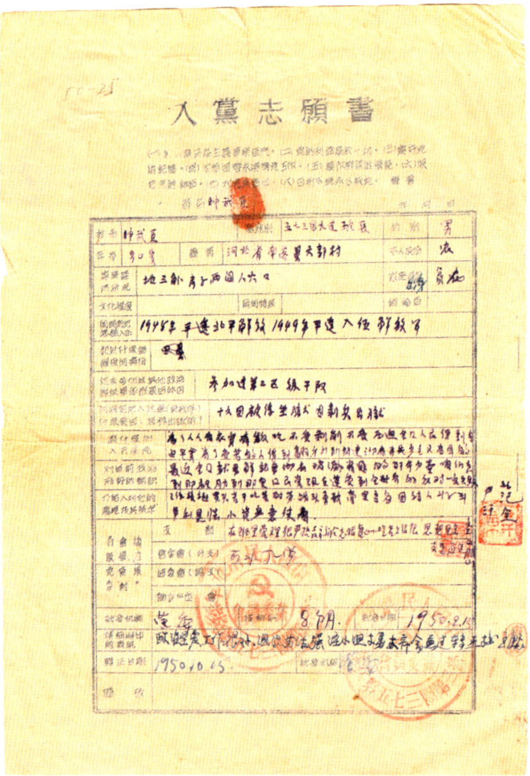

入黨志願書

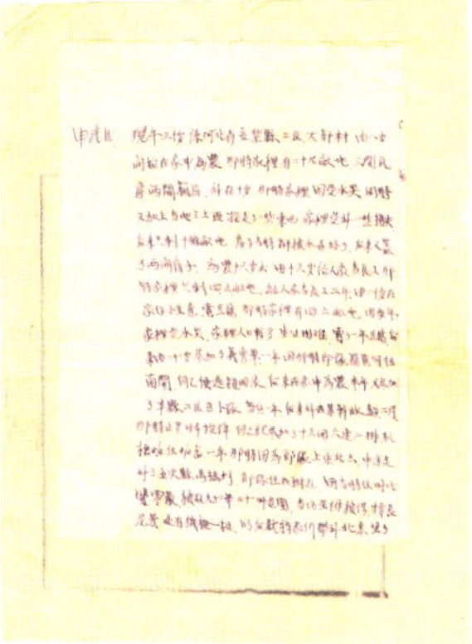 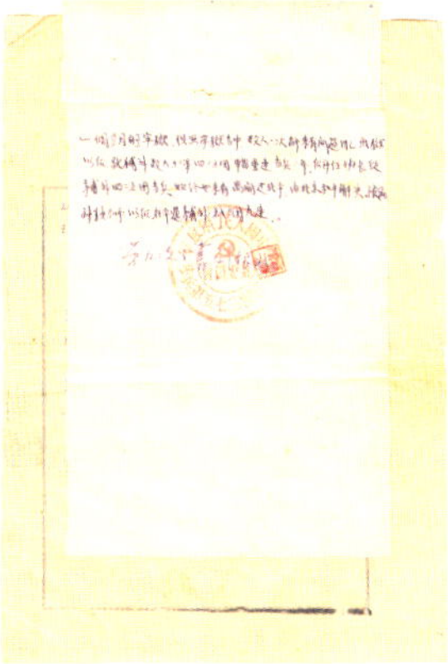

这份入党志愿书的填表人为申武臣，30 岁，五七三团九连班长，贫农家庭出身，家有 6 口人、3 亩地、2 间房子。他 1949 年在平遥入伍解放军。

他写道，入伍前，自己参加过第二区级干队，在“十六团被俘坐狱，因新兵出狱”。入党动机是：“为了人人有衣穿、有饭吃，不受剥削、不受压迫，全国人民得到自由平等，为了受苦的人得到翻身，剥削封建彻底（消灭），等（达到）共产主义为目的。”

介绍人认为他工作积极，埋头苦干、吃苦耐劳，战斗勇敢，营里团结得好，斗争性强。支部意见为：在班里管理很严格，教育新同志很虚心，能吃苦，思想坚定，支部通过。

“营委会（分支）”一栏内容为：可以入党。并批准候补期 8 个月，从 1950 年 2 月 15 日开始算起。

“候补期中的表现”一栏内容为：政治坚定，工作很好，组织生活强，经小组、支委、支部会通过转正。营党委批准其转正日期为 1950 年 10 月 15 日。

与这份入党志愿书一道的还有他的详细个人履历，文末有第九支支书刘银山签名，加盖党委会印章。

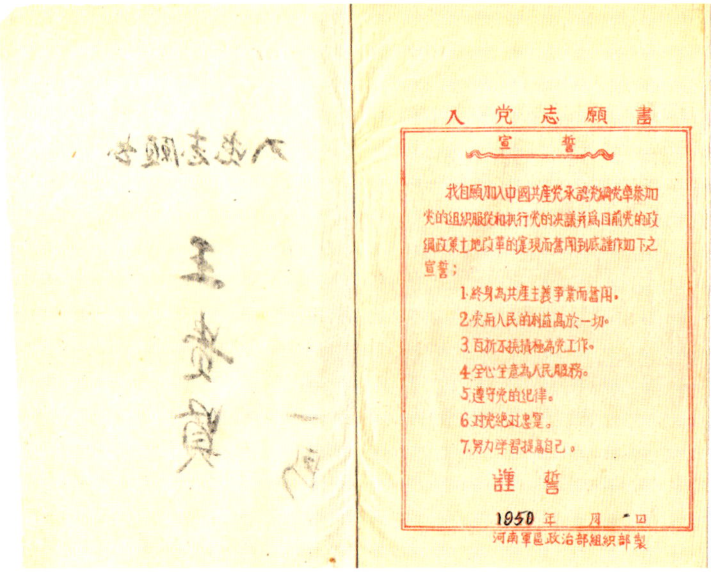

入党志願書

王贵贤

入党志願書

宣誓

我自願加入中國共產党承認党綱党章參加党的組織服從和执行党的決議并爲目前党的政綱政策土地改革的實現而奮鬥到底謹作如下之宣誓：

1.終身為共產主義事業而奮鬥。

2.党和人民的利益高於一切。

3.百折不撓積極爲党工作。

4.全心全意為人民服務。

5.遵守党的紀律。

6.对党絕对忠實。

7.努力学習提高自己。

謹誓

1950 年 月 日

河南軍區政治部組織部製

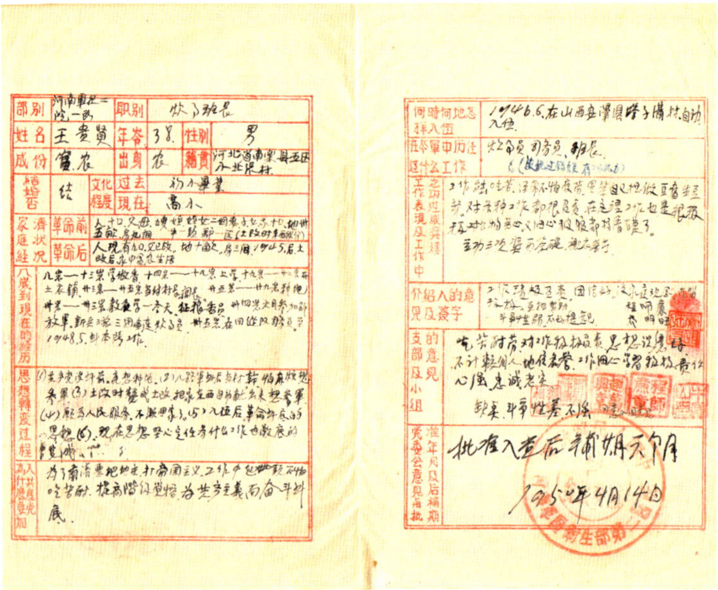

部别	河南軍区二院一所	职别	炊事班长		
姓名	王贵贤	年龄	38	性别	男
成份	富农	出身	农	籍贯	河北省南乐县五区小北皋村
结婚否	结	文化程度	过去	初小毕业	
			現在	高小	
家庭經濟状况	革命前	[illegible]			
	革命后	[illegible]			
八岁到現在的經历	[illegible]				
思想轉变过程	[illegible]				
為什么要加入共產党	[illegible]				

何時何地怎样入伍	1946.6.在山西[illegible]自动入伍
在部队中历任过什么工作	炊事员、司务员、班长
入伍以来之工作表現及工作中之功过與奖惩	[illegible]
介绍人的意見及簽字	[illegible]
支部的意見及小组	[illegible]
党委会意見与批准年月及后補期	批准入党后補期六个月 1950年4月14日

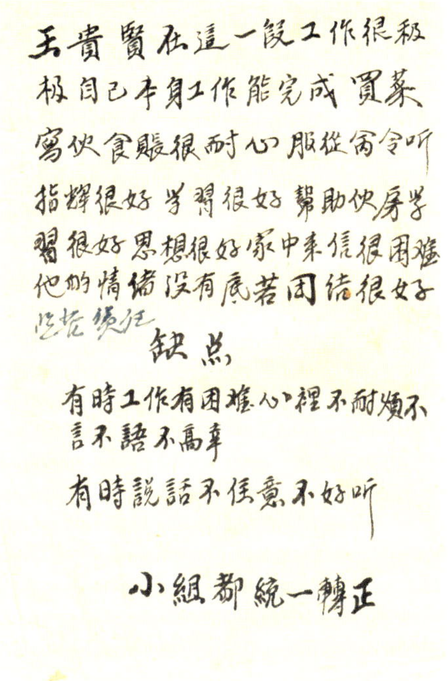

王貴賢在這一階工作很積
極自己本身工作能完成買菜
寫伙食賬很耐心服從命令听
指揮很好学習很好幫助伙房学
習很好思想很好家中来信很困難
他的情緒没有底若团结很好

缺点

有時工作有困难心裡不耐煩不
言不語不高幸

有時説話不注意不好听

小組都統一轉正

这份入党志愿书的填表人为王贵贤，38岁，河南军区二院一所炊事班班长。其籍贯河北南乐（现河南南乐），农民家庭出身，高小文化。1945年，“土改”后家中为贫农生活。

他写道：8岁至13岁学做香，14岁至19岁上学，后开土衣铺；23岁至25岁当副村长；后又种地至29岁；30岁至33岁冬天教夜学，当征粮委员；1946年6月在山西安泽县塔子沟村自愿入伍，从新兵三旅三团一连炊事员到四纵队司务员，1948年5月来一所工作。

提到自己的思想转变，他说赞成“土改”，还把家里的东西“主动献出来”，想参军。入伍后，革命到底的思想坚定。

介绍人程师廉、乔明旺认为其工作积极负责，团结好，学习积极，互相帮助。支部及小组认为其吃苦耐劳，思想意识好，不计较个人地位名誉，工作细心，责任心强，忠诚老实。该栏中有多人盖章。党委会批准其党员候补期6个月，从1950年4月14日开始算起。根据他候补期表现，于1951年2月5日被批准转正，该栏有分支书孙锐签名盖章。

藏品七十六

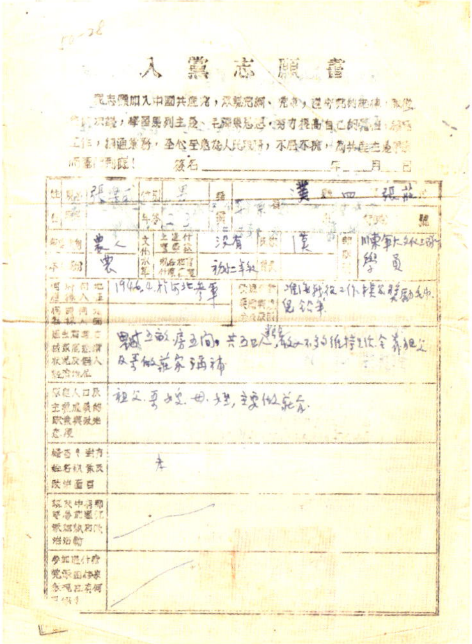

入黨志願書

我志願加入中國共產黨，承認黨綱、黨章，遵守黨的紀律，執行黨的決議，學習馬列主義、毛澤東思想，努力提高自己的覺悟，積極工作，打通業務，全心全意為人民服務，不屈不撓，為共產主義事業而奮鬥到底！ 簽名＿＿＿＿＿＿ 年 月 日

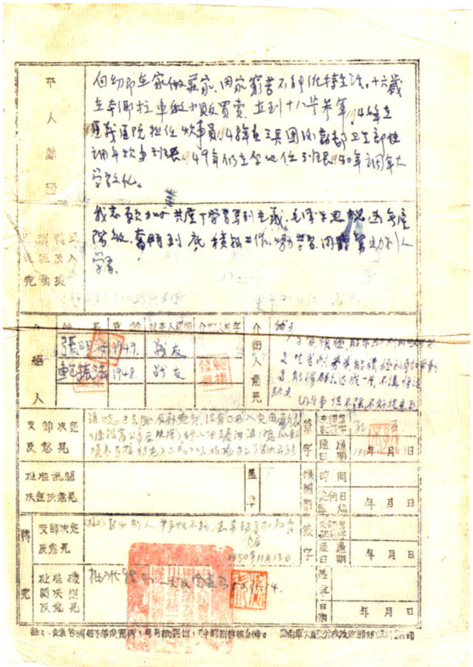

这份入党志愿书的填表人为张乐成，23 岁，川东军大文化三队学员；农民家庭出身，文化水平为初小二年级。

他自述家有 5 口人，15 亩旱地，5 间房。他自幼即在家种庄稼，因家穷苦不能维持生活，16 岁在本乡拉车做小贩买卖；1946 年 4 月于河北参军，担任野战医院炊事员，1948 年在三兵团后勤部卫生部调到炊事班当班长，1950 年调“军大”学习文化。因在淮海战役中表现好，他被评为工作模范，奖励毛巾、肥皂、铅笔。

入党动机为：“我志愿加入共产党，学习马列主义、毛泽东思想，为无产阶级奋斗到底，积极工作、努力学习，同时帮助别人学习。”

介绍人张明海、鲍振法认为张乐成学习积极并能帮助同志，吃苦耐劳，能积极参加劳动，能与群众打成一片。

“支部决定及意见”写道：“该同志过去系后（候）补党员，没有正式入党，自（志）愿表（系没有盖公章，后失掉），经小组、支委讨论同意重新填表，直接转党为正式……1950 年 11 月 13 日。”

1950 年 11 月 14 日，一大队党委会批准其转正。

藏品七十七

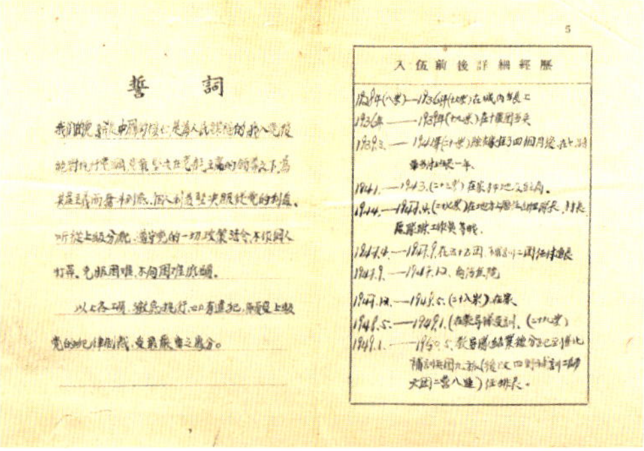
誓詞

入伍前後詳細經歷

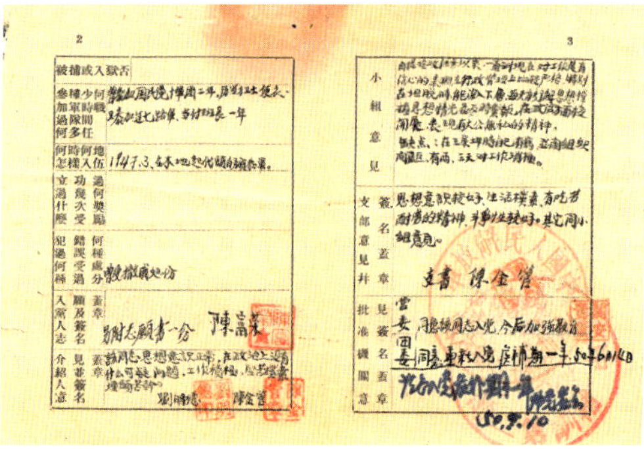
候補或入獄否

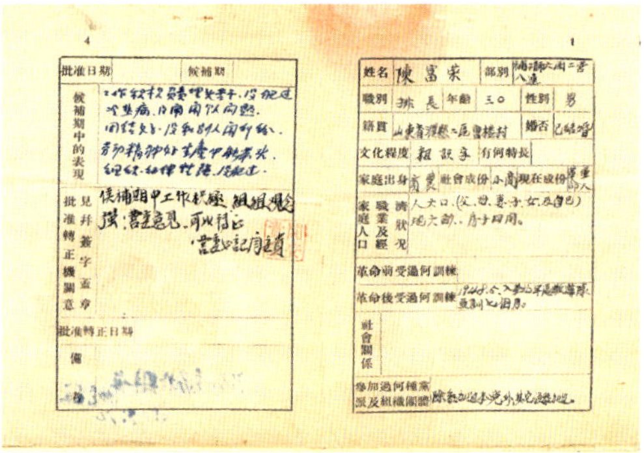
批准日期

候補期

姓名

這份入党志愿书的誓词为手写，内容为：“我们的党是新中国的核心，是为人民谋（幸）福的。我入党后绝对执行党纲、党章，坚决在党与毛主席的领导之下，为共产主义而奋斗到底。个人利益坚决服从党的利益。听从上级分配，遵守党的一切政策法令，不作个人打算。克服困难，不向困难低头。以上各项，澈（彻）底执行。如有违犯，愿受上级党的纪律制裁，受最严重之处分。”

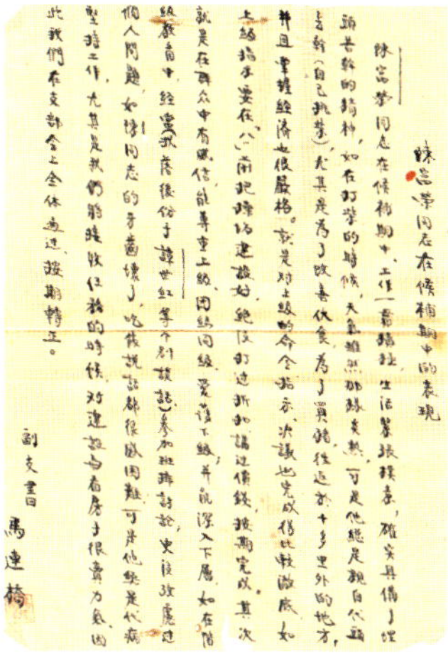

陈富荣同志在候补期中的表现

陈富荣同志在候补期中，工作一贯积极，生活艰苦朴素，确实具备了埋头苦干的精神，如在打仗的时候，天气虽然那样炎热，可是他总是亲自[illegible]（自己执掌），尤其是为了改善伙食，为了买菜往返於十多里外的地方，并且掌握经济也很严格。就是对上级的命令指示，决议也完成得比较彻底，如上级指示要在八一前把操场建设好，[illegible]按期完成。其次就是在群众中有威信，能尊重上级，团结同级，爱护下级，并能深入下层，如在阶级教育中，[illegible]参加班排讨论，[illegible]个人问题，如[illegible]同志的[illegible]，[illegible]都很[illegible]困难，可[illegible]，[illegible]工作，尤其是我们的[illegible]时候，对连[illegible]，由[illegible]。因此我们在支部会上全体通过，按期转正。

副支书 马连桥

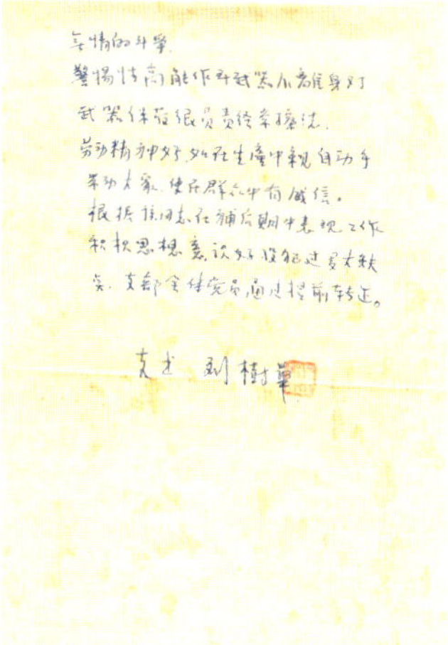

[illegible]的斗争。

[illegible]

劳动精神好，如在生产中亲自动手带动大家，使在群众中有威信。

根据该同志在候补期中表现工作积极，思想意识好，[illegible]实，支部全体党员通过提前转正。

支书 刘树华

填表人陈富荣，30岁，补训二师六团二营八连排长，籍贯山东濮县（现河南濮阳），农民家庭出身。他曾在国民党十军团当兵，在七路军当副班长1年；后回家种地、经商，在地方任过自卫队队长、村长等职；1947年3月，在本地带头参加解放军。

介绍人刘明德、陈金管认为他在政治上无可疑，且工作积极，艰苦朴素，埋头苦干。

“小组意见”是：对工作一直有信心，在行政管理上比较严格，能深入下层，有大公无私的精神。

支部意见是：同意小组意见，另认为他斗争性较好。1950年7月10日，师党委准予其入党，候补期1年。

这批资料中还包括转党材料，有副支书马连桥签名的关于陈富荣在候补期的表现等，均为手写。

藏品七十八

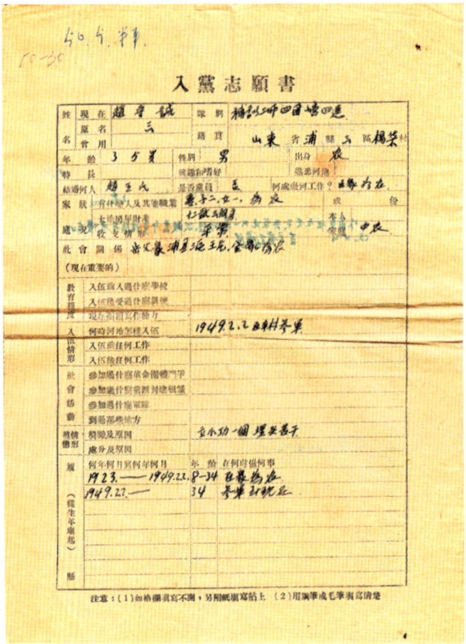
入黨志願書

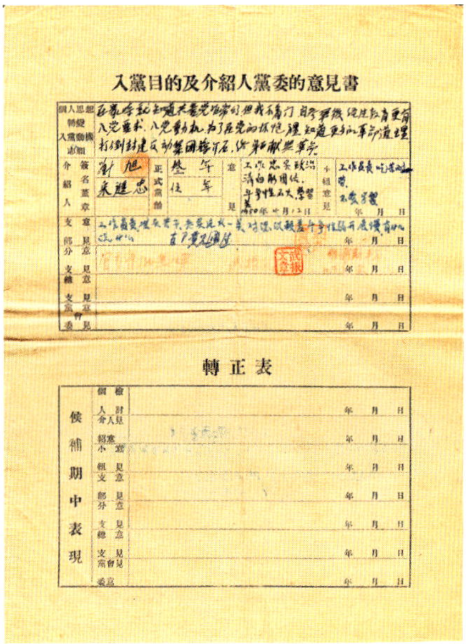
入黨目的及介紹人黨委的意見書

轉正表

这份入党志愿书的填表人为赵守诚，35 岁，补训二师四团一营四连炊事员，籍贯山东濮县（现河南濮阳）。他 8 岁开始就一直在家务农，直到 1949 年 2 月 2 日在家乡参军。他入伍后立小功 1 次。

个人思想转变和入党动机为：在家时就知道共产党非常好……自参军后经过教育更有入党要求。为了在党的怀抱里知道更多的革命道理……终身献予革命。

介绍人刘旭、宋进忠认为赵守诚工作忠实、政治清白，能团结。

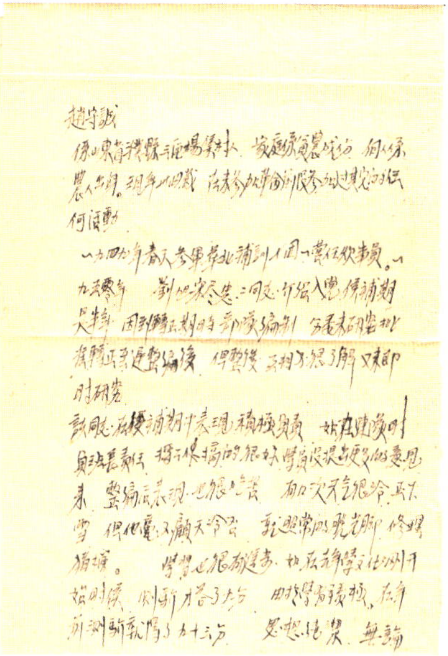

趙守誠
係山東省[illegible]縣[illegible]楊家村人，家庭係貧農成份，個人係
農人出身。現年二十四歲，[illegible]參加革命前[illegible]
何活動
一九四六年春天參軍[illegible]補訓一團一營任炊事員。一
九五零年 劉[illegible]二同志介紹入黨，候補期
只半年，因到轉正期時部隊編制，[illegible]研究批
准轉正，直至整編後，但整後[illegible]了解，又未即
時研究
該同志在候補期中表現積極負責，如在連隊時
負班長責任，[illegible]搞的很好，時常提出更多的意見
來，整編後表現也很[illegible]，有一次天氣很冷，正下
雪，但他毫不顧天冷[illegible]
[illegible]。學習也很積極，[illegible]
[illegible]
[illegible]思想純潔，無論

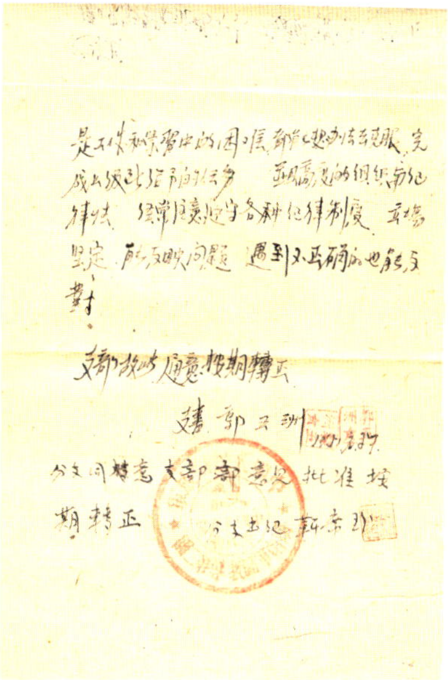

是工作和學習中的困難，都能想辦法去克服，完
成上級交給的任務，並提高自己的組織紀
律性，經常注意遵守各種紀律制度，立場
堅定，能反映問題，遇到不正確的也能反
對。
支部一致同意按期轉正
支書 郭[illegible]
分支同意支部意見批准按
期轉正　分支書記 [illegible]

“小组意见”认为其工作负责，吃苦耐劳。

“支部意见”认为其工作负责，埋头苦干，通过其入党。

1950 年 5 月，营党委会批准其入党，候补期半年。1951 年 1 月 27 日，支部同意其按期转正，分支党委同意支部意见，盖湖南军区教导第二团党委章。

藏品七十九

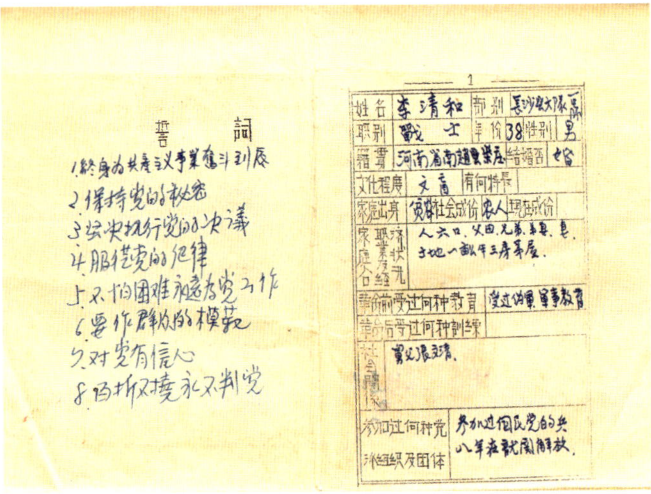

誓詞

1.終身為共產主义事業奮斗到底
2.保持党的秘密
3.坚决执行党的决議
4.服從党的紀律
5.不怕困难永远为党工作
6.要作群众的模範
7.对党有信心
8.百折不撓永不判党

1

姓名	李清和	部别	長沙农大隊高		
職别	戰士	年龄	38	性别	男
籍貫	河南省南趙県	結婚否	已婚		
文化程度	文盲	有何特長			
家庭出身	貧农	社会成份	农人	現在成份	
家庭經濟狀況職業及合	人六口，父田，兄弟，弟妻，… 土地一畝半三房草屋。				
革命前受过何种教育	受过伪軍軍事教育				
革命后受过何种訓練					
社会關係	貫父張江清。				
参加过何种党派組織及団体	参加过国民党的兵八年在鄆阁解放。				

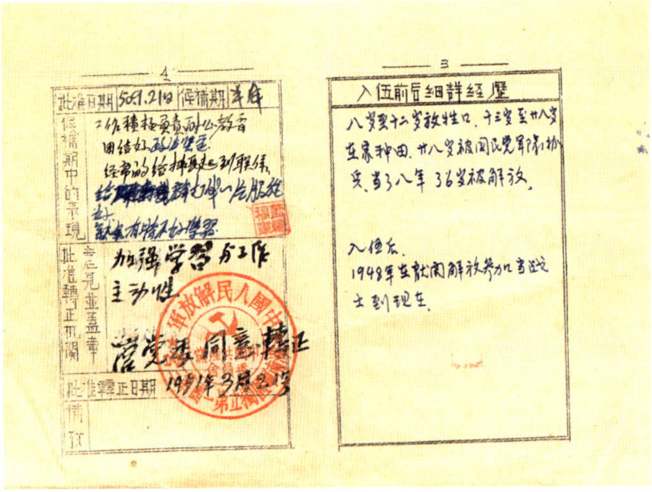

4

批准日期	50.1.21日	候補期	半年
候補期中的表現	工作積极负责耐心教育团结好政治坚定。经常的给排長提出到联係，给[illegible]，能服從… 缺乏有时不好学習		
批准轉正机関意见并蓋章	加强学習与工作主动性。營党委同意轉正		
批准轉正日期	1951年3月2日		
備考			

3

入伍前后細詳經歷

八岁至十六岁放牲口，十三岁至廿八岁在家种田，廿八岁被国民党軍队抓兵，当了八年，36岁被解放。

入伍后，
1948年在鄆阁解放参加当战士到现在。

这份入党志愿书的填表人为李清和，38 岁，长沙县大队一中队战士，籍贯河南南召。他自述 13 岁至 28 岁在家种田；后被国民党军队抓去当了 8 年兵，曾任副班长；1948 年他 36 岁时在韶关解放后参加了解放军。入伍后立小功 1 次，受过物资奖励。

入党动机是：全心全意为人民服务，达到共产主义社会，永不叛党。誓词内容为手写。

介绍人希望他努力发展，工作要提高警惕性，克服缺点，发扬优点。

党委的意见是“批准入党，但要加强他的思想教育”，批准日期为 1950 年 9 月 21 日，候补期半年。

候补期表现一栏内容有：工作积极负责，团结好，政治坚定；经常给排长起到联系作用，与群众打成一片，服从性好。

1951 年 3 月 21 日，营党委同意其转正。

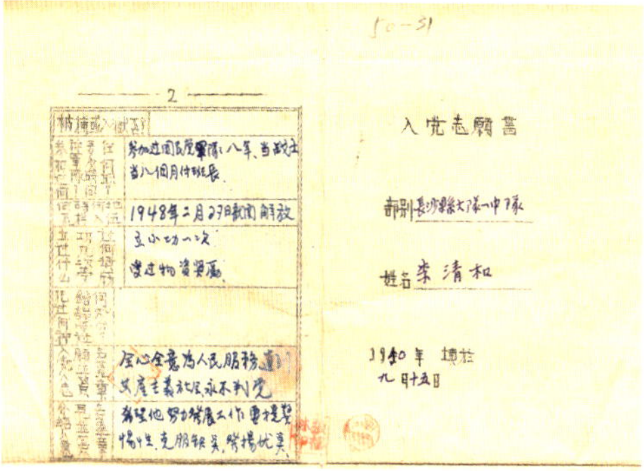

50—51

2

1948年二月27日韶关解放

立小功一次

受过物资奖励

入党志願書

姓名 李清和

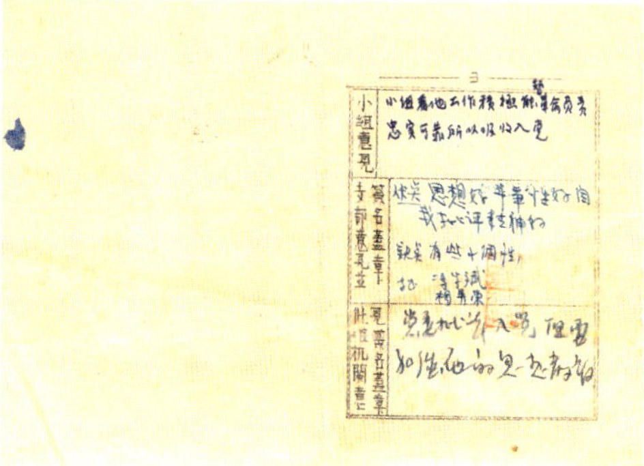

3

小組意見

这份入党志愿书的填表人为高学贤，34 岁，教大政治队上士，籍贯河南西华，农民家庭出身。

据他介绍，自己 8 岁至 15 岁上学；16 岁至 23 岁种地；24 岁因家乡遭遇黄河水患，在国民党军队当兵 2 年、当文职 2 年；28 岁回家耕地；32 岁自愿参加解放军。

他说自己初入伍时，有家庭观念和地位思想，在教大受训一期，经过教育后认清敌我，稳固了政治立场；入党动机是“为人民服务，革命到底，为进步快，能受到党的教育”。

介绍人翟廷弼、李忠良认为高学贤工作负责任，团结好，对上级尊重，服从领导好。小组认为他工作责任心好，经济手续清楚，服从命令好。

支部意见为：工作很积极，生活改善好，同意入党。

教大党委会通过其入党，候补期 6 个月，自 1950 年 1 月 31 日算起。

在“转党审定表”中他表示，努力学习，提高政治文化水平，去接受大家的意见，服从命令，听从组织分配。

分直党委会同意支部意见，按期转正。其党龄自 1950 年 7 月 31 日算起。

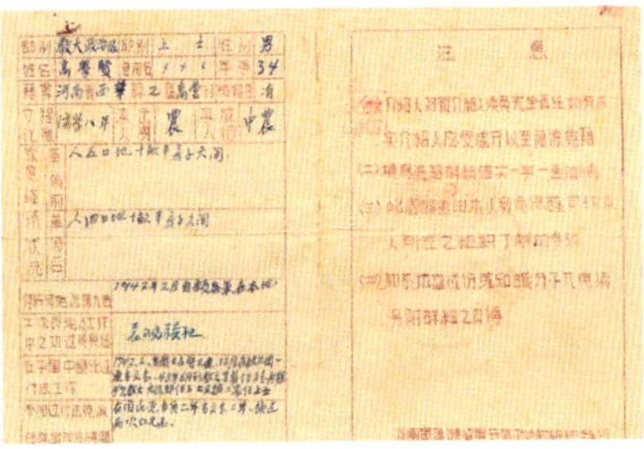

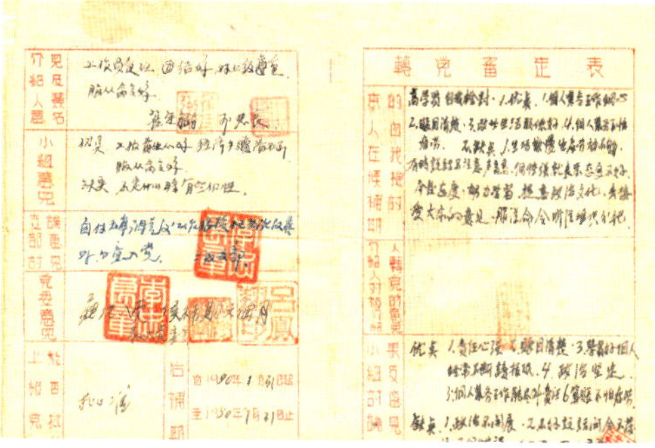

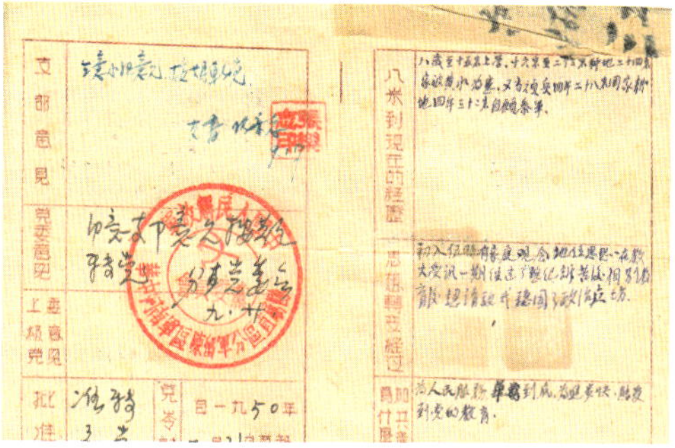

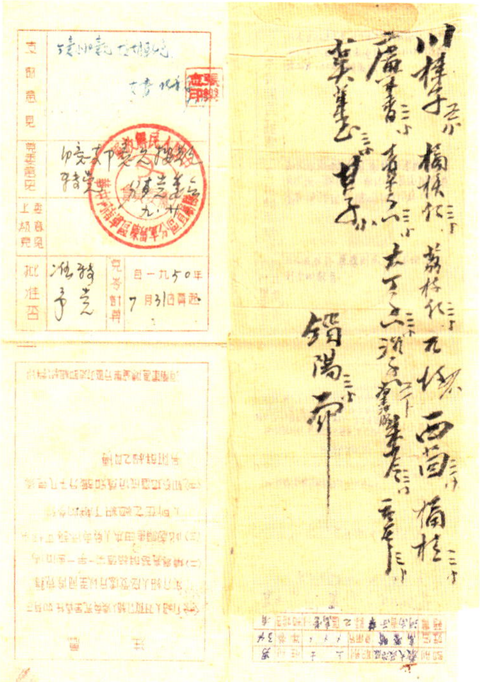

第一部分

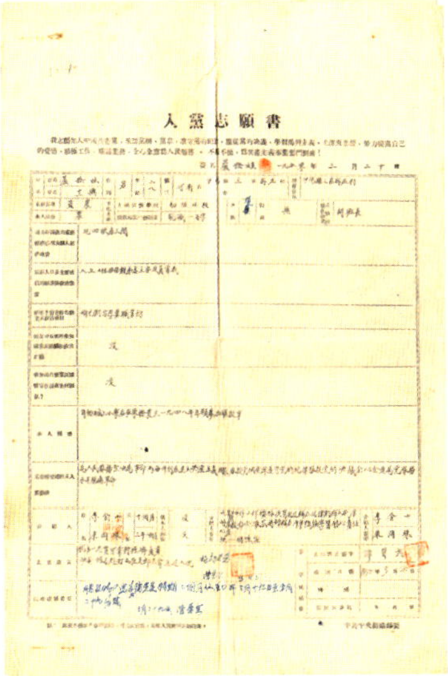
入黨志願書

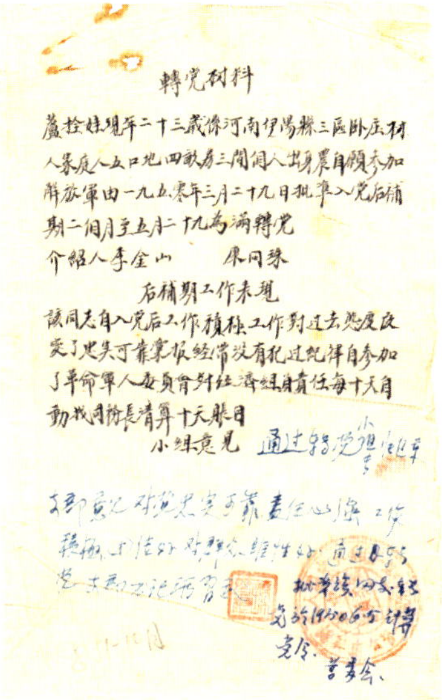
轉党材料

蘆拴娃現年二十三歲係河南伊陽縣三區卧庄村人家庭人五口地四畝房三間個人出身農自願參加解放軍由一九五零年三月二十九日批準入党后補期二個月至五月二十九為滿轉党

介紹人李金山　康同珠

后補期工作表現

該同志自入党后工作積極工作對过去態度改変了忠实可靠常报經常没有犯过紀律自參加了革命軍人委員會對經濟組負責任每十天自動找司務長清算十天賬目

小組意見　通过轉党

这份入党志愿书的填表人为卢拴娃，28岁，籍贯河南伊阳。他入伍前在家务农，1948年自愿参加解放军，任副班长。

入党动机是：为人民服务，坚决为革命而奋斗到底，建立共产主义国家，服从党纲党章，遵守党的纪律，服从党的决议。全心全意为党服务，永不脱离革命。

介绍人是李金山、康同珠。支部认为他忠实可靠，通过其入党。营党委会批准他入党，候补期2个月，从1950年3月29日开始算起。

在表格之外，有一张白色薄绵纸是其转正材料，详细介绍了其候补期表现：该同志自入党后工作积极，对过去态度改变了，经常汇报，没有犯过纪律，自参加了革命军人委员会对经济组负责任，每10天自动找司务长清算10天的账目。经营党委会批准，其正式转正，于1950年6月5日开始计算党龄。

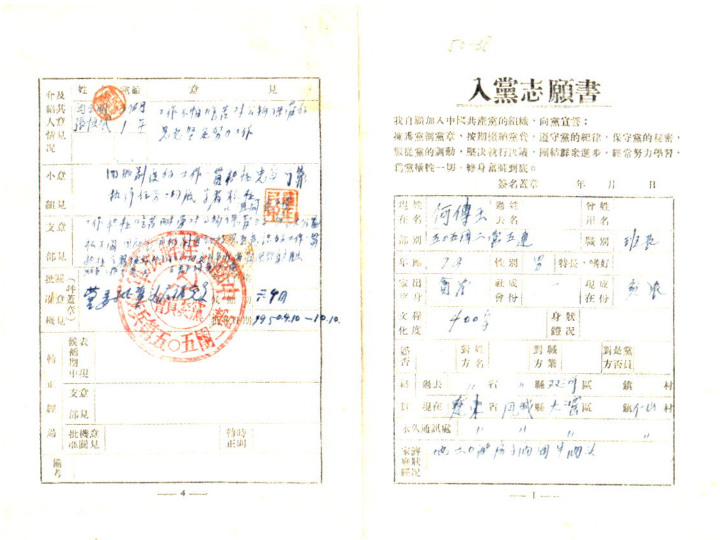

这份入党志愿书的誓词在首页上方，全文为："我自愿加入中国共产党的组织，向党宣誓：拥护党纲党章，按期缴（交）纳党费，遵守党的纪律，保守党的秘密，服从党的调动，坚决执行决议，团结群众进步，经常努力学习，为党牺牲一切，终身奋斗到底。"

在"个人历史"一页中有附注，内容为："一般工人战士入党，可问着填写，什么是共产党？你怎样才认识了共产党？为什么入党？自己思想表现有哪些优缺点？"

填表人何传玉，29 岁，五〇五团二营五连班长，籍贯辽东凤城，贫农家庭出身，1948 年 7 月自愿入伍。

介绍人闫金明、张恒斌认为其工作不怕吃苦，对公物保管好、思想坚定，努力工作。小组和支部均同意其入党。经营党委批准，其党员候补期自 1950 年 4 月 10 日开始，为期半年。

这是一份中共中央组织部制的入党志愿书。

填表人贺元同，四纵队卫生部第二所看护员，19 岁，籍贯河南南召，农民家庭出身，17 岁在家乡自愿入伍。

他写道：在未渡江以前，自己对党不认识，后经上级动员渡江立功入党，但还是认识不够；直到有本班同志入了党，自己才知道入党光荣，共产党是为人民服务的，是无产阶级的先锋队；后上级又动员在进军大西南时争取立功，并上了党课，班里的党员在工作、困难中起了带头作用，自己有了更深刻的认识，提高了阶级觉悟性；入党是为了全国人民解放，为了实现党的纲领，为共产主义而奋斗到底，为人民服务……为保护翻身果实，不能忘了根本。

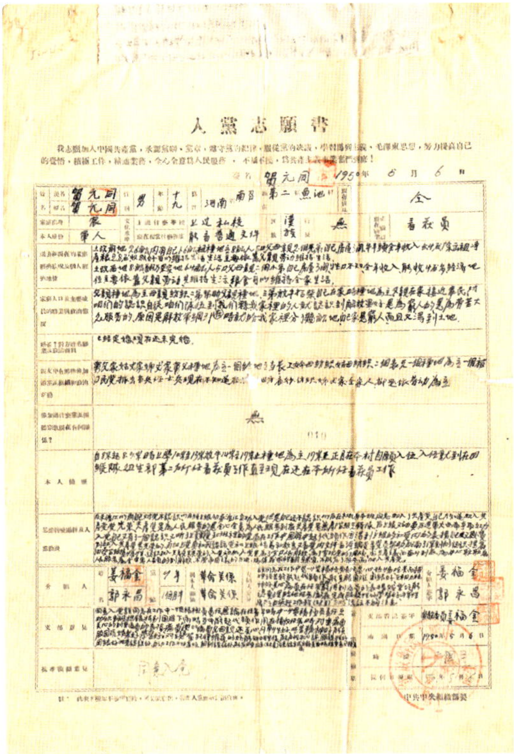
入黨志願書

我志願加入中國共產黨，承認綱領、黨章，遵守黨的紀律，服從黨的決議，學習馬列主義、毛澤東思想，努力提高自己的覺悟，積極工作，精通業務，全心全意為人民服務，不惜犧牲，為共產主義事業奮鬥到底！

簽名 賀元同 1950年 6月 6日

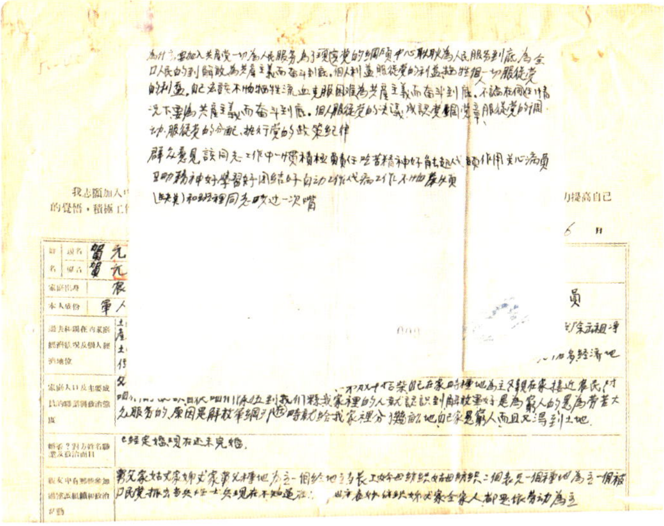

为什么要加入共产党：一切为人民服务，为了实现党的纲领，中心思想为人民服务到底，为全中国人民的利益、解放，为共产主义而奋斗到底。个人利益服从党的利益，牺牲个人一切服从党的利益。自己应该不怕牺牲流血，克服困难，为共产主义而奋斗到底。不论在何种情况下，要为共产主义而奋斗到底。个人服从党的决议，承认党纲党章，服从党的调动，服从党的分配，执行党的政策纪律

群众意见：该同志工作中一贯积极负责任，吃苦精神好，能起带头作用，关心病员，互助精神好，学习好，团结好，自动工作，代病工作不怕麻烦

（缺点）和班里同志吵过一次嘴

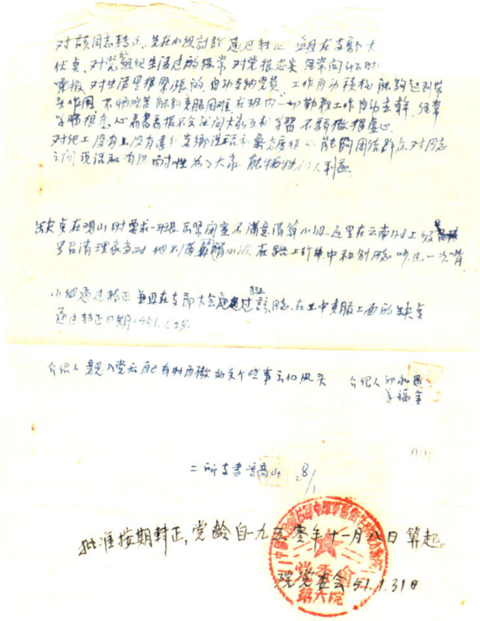

介绍人 郭永昌 姜福金

批准按期转正，党龄自一九五零年十一月八日算起。党委会 51.1.31日

介绍人是姜福金、郭永昌。支部同意其入党，认为他在工作中一贯积极负责任，吃苦精神好，对病员的关心得到了病员的表扬，斗争性好，能克服困难，娱乐好，学习好，对政策纪律维护得好，主动工作不怕麻烦。其党员候补期6个月，从1950年5月8日算起；后按期转正，从1950年11月8日开始计算党龄。

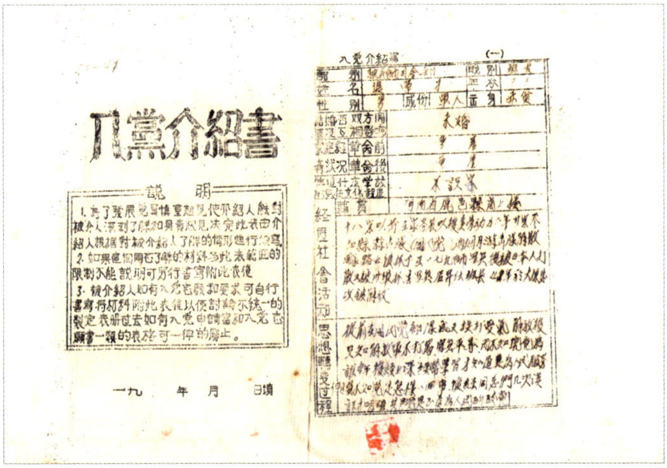

入黨介紹書

說　明

1. 為了發展黨員慎重起見使介紹人能對被介紹人深刻了解和負責起見決定此表由介紹人根據對被介紹人了解的情形進行填寫

2. 如果個人因已了解的材料為此表範圍的限制不能說明可另行書寫附此表後

3. 被介紹人如有入黨志願和要求可自行書寫將材料附此表後以便討論不統一的製定表冊過去如有入黨申請書和入黨志願書一類的表格可一律的廢止。

一九　年　月　日填

入黨介紹書　(一)

这份“入党介绍书”的首页有3条说明。

填表人张学才，独立师司令部班长，33岁，籍贯河南鹿邑，赤贫家庭出身。他自述18岁以前在家务农，后卖苦力2年；20岁被抓壮丁至国民党一七九师当兵；后该队伍被日本人打散，又被国民党三十军抓去当兵，任班长；1949年4月24日，在太原解放后加入解放军，入伍后担任过饲养员和饲养班长。

他写道：自己从前在国民党部队成天挨打受气，解放后只知解放军不打骂、官兵平等，而不知究竟为谁干；后经上课，经常学习，才知道是为人民服务；又经同志们几次谈话才明确，共产党是真正为人民的政党。关于入党动机他表示：“今天要加入党，是求为人民服务到底，更多受党的教育。”

介绍人王安邦、吴绍章认为他一贯工作老实负责，能团结群众。小组、支部均同意其入党。师党委会批准，候补期半年，并注明“严格组织生活，加强党的教育”，时间是1950年10月3日，后经批准按期转正。

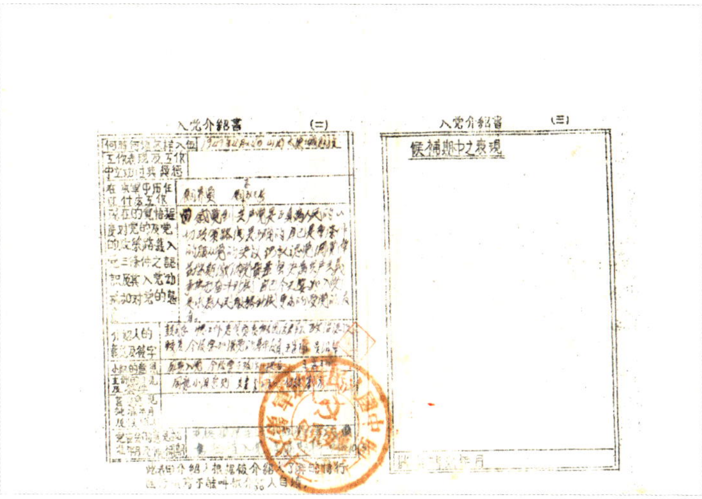

入党介紹書　（二）

何時何地怎樣入伍	1947年12月20日 [illegible]
工作表現及工作中立功过與獎懲	
在軍中历任过什麼工作	[illegible]
現在的覺悟程度对党的及党的政策路綫入党三条件之認識及其入党动机和对党的態度	[illegible]
介紹人的意見及簽字	[illegible]
小組的意見	[illegible]
支部的意見	[illegible]
[illegible]	
党委会的意見及批准日期	[illegible]

此表由介紹人根据被介紹人了解的情形填寫不能叫被介紹人自填。

入党介紹書　（三）

候補期中之表現

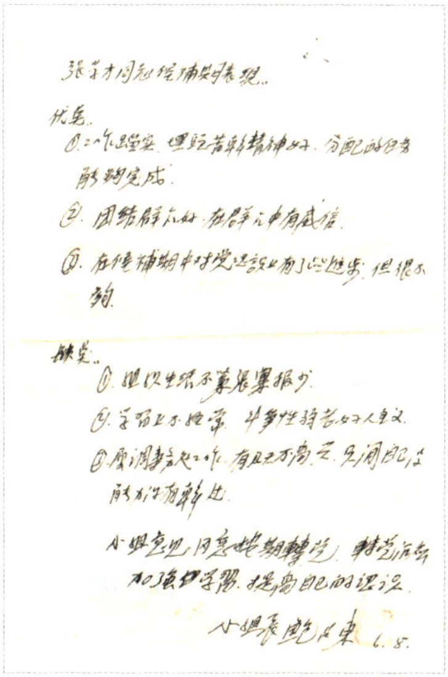

張学才同志候補期表現：

优点：

①工作踏实，埋头苦干精神好，分配的任务能够完成。

②团结群众好，在群众中有威信。

③在候補期中对党的認识有了些進步，但很不够。

缺点：

①組织生活不[illegible]很少。

②学習上不經常，斗爭性差，有好人主义。

③[illegible]工作，有[illegible]，只[illegible]能力作事[illegible]。

小組意见：同意按期轉党，轉党后要加强学習，提高自己的理论。

小組長 [illegible]　6.8.

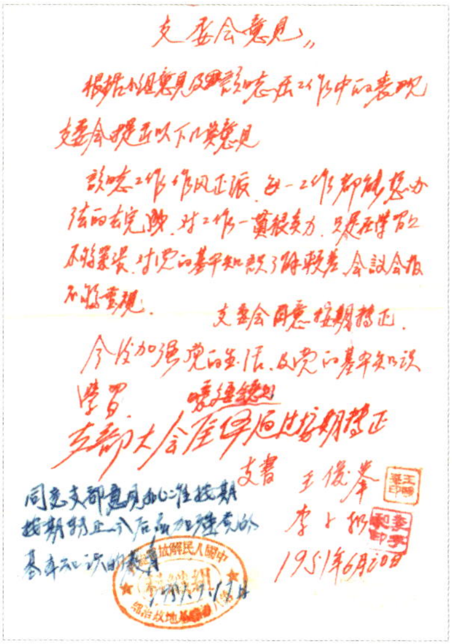

支委会意見：

根据小組意見及[illegible]同志在工作中的表現，支委会提出以下几点意見：

該同志工作作风正派，每一工作都能想办法的去完成，对工作一貫积极负责，只是在学習上不够[illegible]，对党的基本知识了解較差，会议[illegible]不够重視。

支委会同意按期轉正。

今后加强党的生活及党的基本知识学習。

支部大会[illegible]按期轉正

支書　王俊峯　李[illegible]

1951年6月20日

同意支部意見，批准按期轉正，今后应加强党的基本知识的学習。

1951.7.13[illegible]

第一部分

藏品八十五

这是一份中国人民解放军第三野战军政治部组织部制的入党志愿书。首页有幅木刻版画，以鲜红色的党旗为背景，画面极具感染力，十分珍贵。

填表人张振忠，23 岁，高炮十三团二营四连战士，籍贯河南伊阳，初中肄业，中农家庭出身。他自述 8 岁至 18 岁上学，后回家种地，21 岁参加国民党二〇六师青年军。1948 年 3 月，他在洛阳解放后参加了解放军。他参加革命后立战斗二等功 2 次、劳动三等功 1 次、物资奖励 1 次。

入党动机是：中国以前是受封建势力的压迫剥削，要使贫苦大众彻底翻身，施行耕者有其田，衷心为共产主义而奋斗到底。并表示自己入党后将“过组织生活，工作加强一步，起到群众带头作用，一切工作吃苦在前、享受在后，积极为党工作，保持党的康健”。

介绍人是龙文、张明文。小组意见认为其学习用脑子研究，并帮助别的同志，爱护武器，讲团结。经营党委批准，其党员候补期 6 个月，自 1950 年 5 月 28 日开始计算，后经批准按期转正。

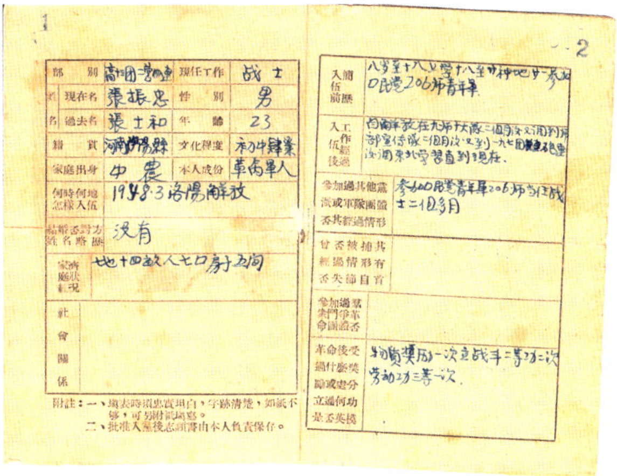

1

部別	高炮团二营四連	現任工作	战士
姓名 現在名	張振忠	性別	男
姓名 過去名	張士和	年齡	23
籍貫	河南[illegible]縣	文化程度	初中肄業
家庭出身	中農	本人成份	革命軍人
何時何地怎樣入伍	1948.3洛陽解放		
結婚否對方姓名略歷	沒有		
家庭經濟狀況	地十四畝人七口房子五间		
社會關係			

附註：一、塡表時須忠實坦白，字跡清楚，如紙不够，可另附紙塡寫。
二、批准入黨後志願書由本人負責保存。

2

入伍前簡歷	[illegible]
入伍後工作經過	[illegible]
參加過其他黨派或軍隊團體否其經過情形	参加国民党青年軍206师当任战士二個多月
曾否被捕其經過情形有否失節自首	
參加過羣衆鬥爭革命團體否	
革命後受過什麽獎勵或處分立過何功是否英模	物質獎励一次立战斗三等功二次劳动功三等一次.

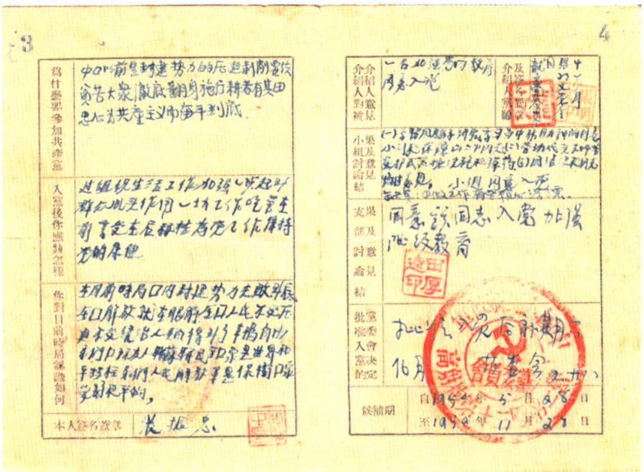

3

爲什麽要參加共產黨	[illegible]
入黨後你應該怎樣	[illegible]
你對目前時局認識如何	[illegible]
本人簽名蓋章	張振忠

4

介紹人對被介紹人意見	[illegible] 同意入党
小組討論意見及結果	[illegible]
支部討論意見及結果	同意該同志入党 加强[illegible]教育
黨委會批准入黨的決定	批准[illegible]
候補期	自1950年5月28日 至1950年11月28日

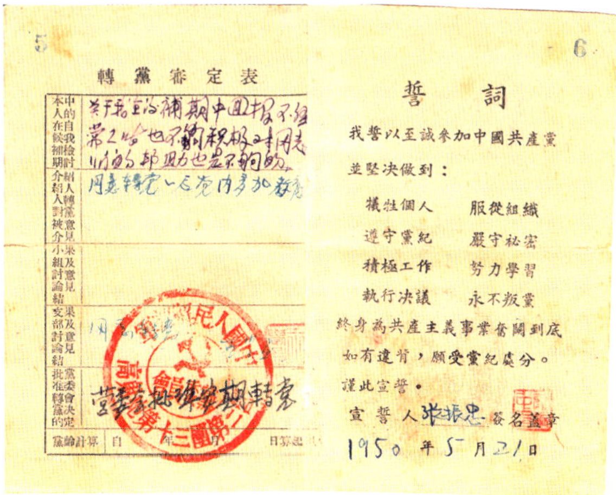

5

轉黨審定表

本人在候補期中的自我檢討	[illegible]
介紹人對被介紹人轉黨意見	同意转党[illegible]
小組討論意見及結果	
支部討論意見及結果	[illegible]
黨委會批准轉黨的決定	[illegible]
黨齡計算	自 年 月 日算起

6

誓詞

我誓以至誠參加中國共產黨

並堅決做到：

犧牲個人　服從組織

遵守黨紀　嚴守秘密

積極工作　努力學習

執行決議　永不叛黨

終身爲共產主義事業奮鬭到底

如有違背，願受黨紀處分。

謹此宣誓。

宣誓人 張振忠 簽名蓋章

1950年5月21日

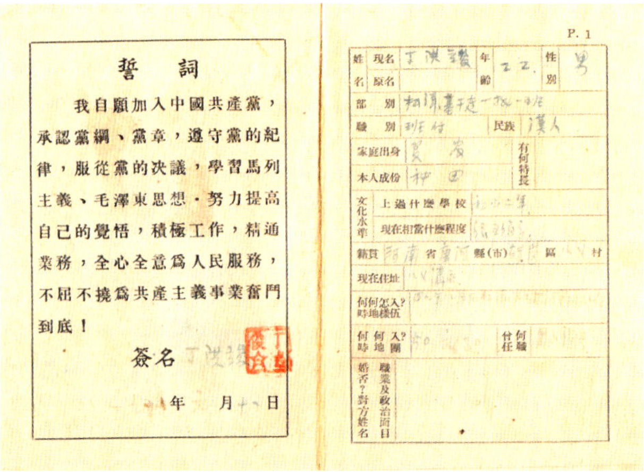

誓詞

我自願加入中國共產黨，承認黨綱、黨章，遵守黨的紀律，服從黨的決議，學習馬列主義、毛澤東思想，努力提高自己的覺悟，積極工作，精通業務，全心全意爲人民服務，不屈不撓爲共產主義事業奮鬥到底！

簽名

年 月 日

P. 1

姓名 現名 原名 年齡 性別

部別

職別 民族

家庭出身 有何特長

本人成份

文化水準 上過什麼學校 現在相當什麼程度

籍貫 省 縣(市) 區 村

現在住址

何時何地怎樣入伍?

何時何地入團? 任何職

婚否? 對方姓名 職業及政治面目

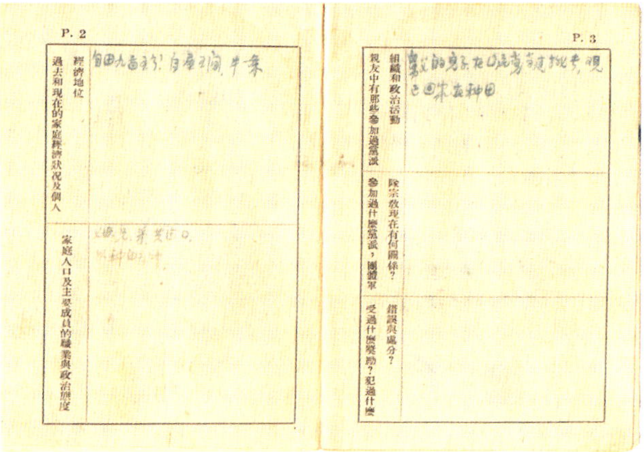

P. 2

過去和現在的家庭經濟狀況及個人 經濟地位

家庭人口及主要成員的職業與政治態度

P. 3

親友中有那些參加過黨派 組織和政治活動

參加過什麼黨派，團體，軍隊 除宗教現在有何關係?

受過什麼獎勵? 犯過什麼錯誤與處分?

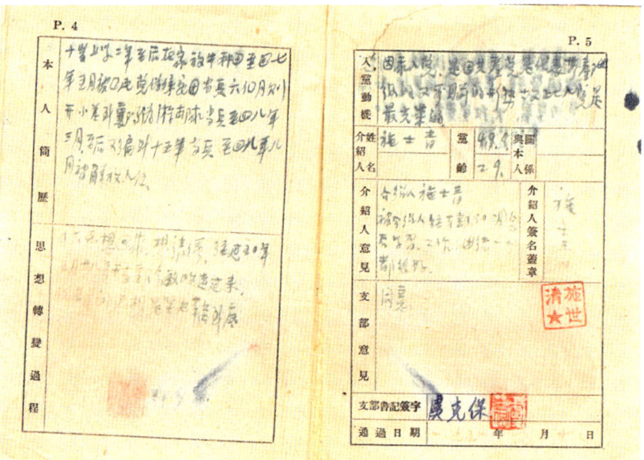

P. 4

本人簡歷

思想轉變過程

P. 5

入黨動機

介紹人姓名 黨齡 與本人關係

介紹人意見 介紹人簽名蓋章

支部意見

支部書記簽字

通過日期 年 月 日

见证初心

这是一份 1951 年 1 月 11 日填写的入党志愿书，誓词为：“我自愿加入中国共产党，承认党纲、党章，遵守党的纪律，服从党的决议，学习马列主义、毛泽东思想，努力提高自己的觉悟，积极工作，精通业务，全心全意为人民服务，不屈不挠为共产主义事业奋斗到底！”

填表人丁洪竣，松滋基干连一排一班副班长，22 岁，籍贯河南唐河，贫农家庭出身。自述 10 岁上学 2 年，之后在家放牛种地；1947 年 5 月至国民党伪保安团当兵；1948 年 3 月之后，又编入国民党第十五军当兵；1949 年 8 月在松滋解放后入伍，1950 年 1 月 30 日入团，曾任团小组长。

“入党动机”为：共产党是代表无产阶级的，又看目前的形势，故此入党是最光荣的。

介绍人施士青（或为施世清）表示：“被介绍人经支部（1950 年 5 月）会后，学习、工作、团结一切都很好。”支部同意其入党。大队党委会意见为：“加强思想领导和政治教育，提高阶级觉悟，严格党内生活，加强党内学习。”其党员候补期自 1951 年 1 月 20 日至 1951 年 7 月 20 日。

藏品八十七

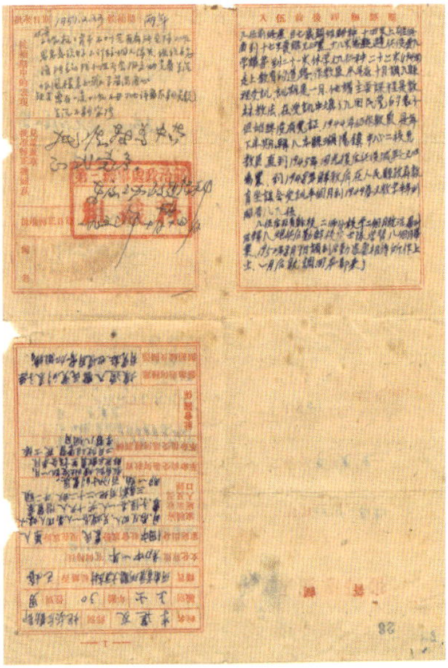

这份入党志愿书的填表人为李建友，30岁，炮兵后勤部上士，农民家庭出身。家中有16口人，曾有地22亩、牛2头、驴1头，另有一些农具。

对于入伍前后的经历他写道：自7岁开始耕种；14岁上船经商，17岁卖船又归农；18岁为逃避兵役费入学读书，到21岁时休学耕种；22岁走上教育的道路，做教员。1949年8月9日，他因在河南许昌考入四野青干校而入伍，后在护士队得过学习模范奖状。他表示：愿在党的领导下学习一切新的革命知识，并终身为革命事业奋斗到底。

介绍人为韩进义、张俊岩。小组与支部意见均同意他入党，认为他工作上埋头苦干，能克服困难，忠实可靠，尤其是经济手续很清楚，从未出过差错，并且在群众中有威信，能以身作则。1951年2月23日，他被批准入党，候补期2年，后于1953年10月14日转正。

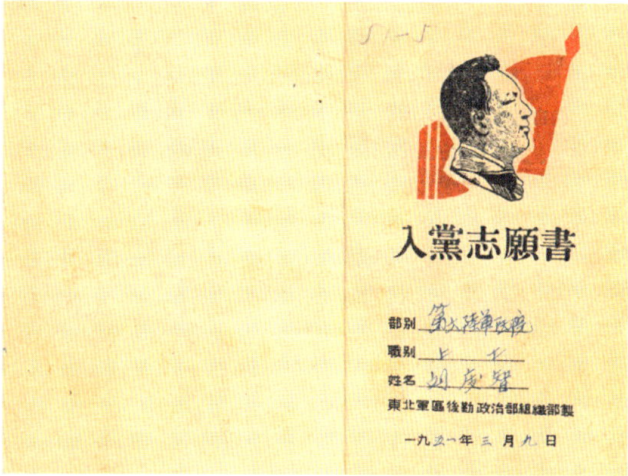

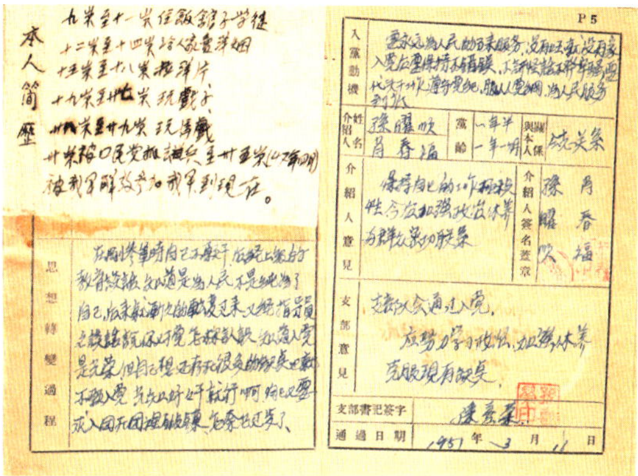

这份入党志愿书的填表人为刘庆智，38岁，第六陆军医院上士，籍贯河南襄县。他自述家有5口人，入伍前无房无地，哥哥给人干活；自己靠自由职业挣饭吃，曾当过饭馆学徒、卖过洋烟、玩过马戏；30岁被国民党拉去当兵，1947年4月3日被解放后参加解放军。入伍后，1947年至1949年他被评为工作模范，立过3次小功，得艰苦奋斗奖章1枚。

“入党动机”是：没有国就没有家。入党后要保持不犯错误、不讲怪话、不发牢骚，要带头工作，遵守党纪，服从党纲，为人民服务到底。

介绍人为孙曜顺、肖春福。支部大会通过他入党，并提出他“应努力学习政治，加强修养，克服现有缺点”。党委会批准，候补期1年，自1951年4月4日算起。根据候补期表现，次年6月19日他被批准转正。

第一部分

藏品八十九

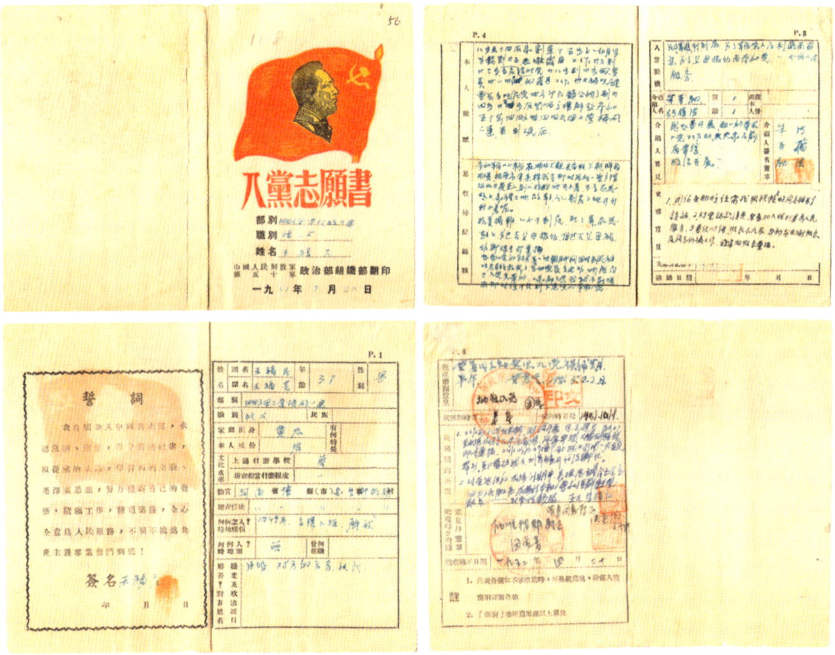

这份入党志愿书的填表人为王福民，37岁，四四六团二营机炮二连战士，籍贯河南唐河，贫农家庭出身。他自述8岁开始干农活，后当过学徒、做过簸箩匠，曾参加国民党十五军。1949年他在鄂西高楼被解放后加入解放军，入伍后立过小功，被奖励过钢笔、背心。

关于思想转变，他写道：“家里土地改革了，分到房子、地”“抗美援朝，一心干到底”“因过去父母被伪乡保长打骂，为父母报仇”“入党光荣，人家能入党我就不能吗？下决心争取入党”。

介绍人朱否初、张倍洪认为其积极要求入党，工作好，在大家面前有威信。支部认为他团结互助好，对党认识清楚，责任心强。党员候补期为半年，从1951年10月19日算起，后经批准按期转正。

这份入党志愿书的誓词在页面最顶部。

填表人马永贤，26 岁，籍贯河南伊阳，农民家庭出身。据他介绍，自己上过初小 2 年，后在家务农，1947 年参加本县集中队。

入党动机是：为了解放全国一般劳苦群众彻底翻身，永不受反动势力的压迫，坚决为人民服务到底、将革命进行到底，建设共产主义社会，永不脱离革命，服从命令和党的政策，服从党的组织调动。

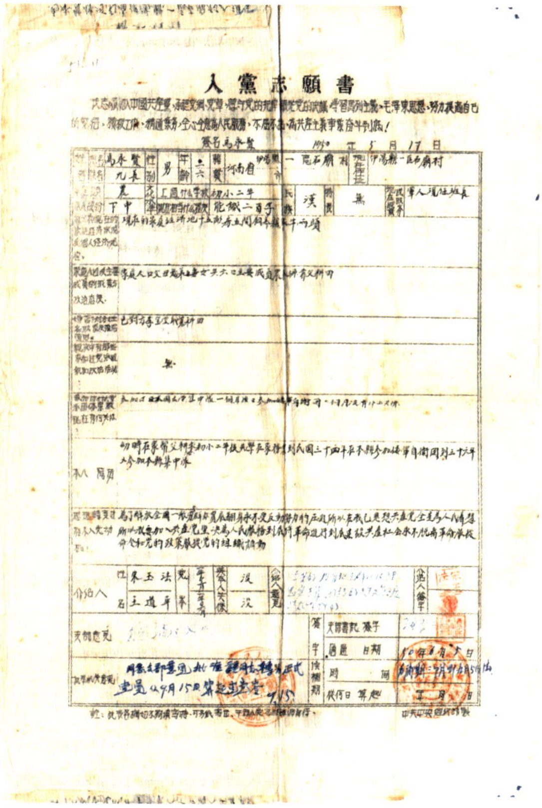

入黨志願書

我志願加入中國共產黨，承認黨綱、黨章，遵守黨的紀律，服從黨的決議，學習馬列主義、毛澤東思想，努力提高自己的覺悟，積極工作，精通業務，全心全意為人民服務，不屈不撓，為共產主義事業奮鬥到底！

簽名 馬永賢 1950 年 5 月 17 日

介紹人 朱玉法 王道平

中共中央組織部製

介绍人朱玉法、王道平认为他吃苦好，没有犯过群众纪律，忠实可靠，团结好，不起态度，群众性好。其党员候补期 3 个月，从 1950 年 6 月 5 日开始算起。后经支部同意，党委批准他转为正式党员，从 1950 年 9 月 15 日起计算党龄。

第一部分

▌藏品九十一

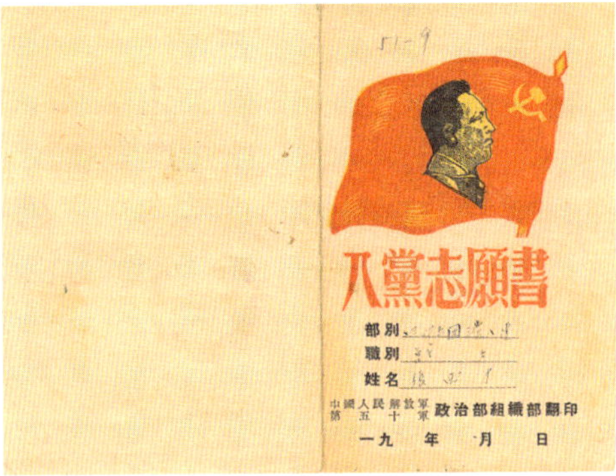

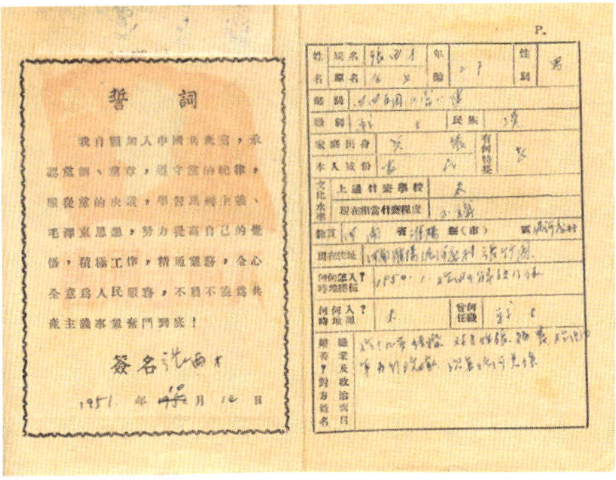

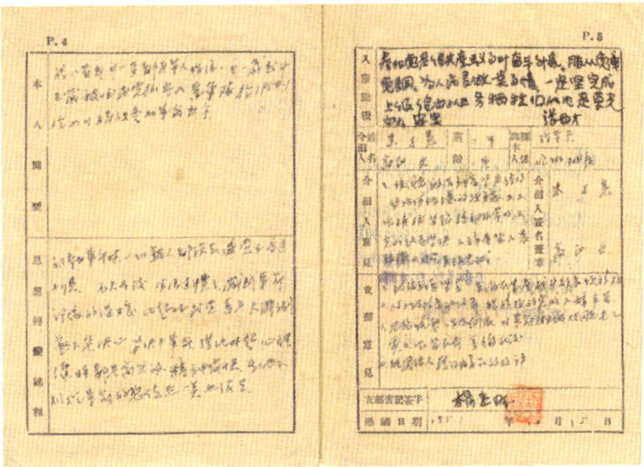

这份入党志愿书的填表人为张西才，四四五团三营八连战士，27岁，籍贯河南淮阳。他自述过去家中仅有地2亩，1942年卖出后生活非常困难；实行“土改”后，分得2亩地。自己8岁至21岁都是帮人干活，21岁至25岁被国民党抓去当兵，1950年1月于四川解放后参加革命，在生产上立过2个小功。

见证初心

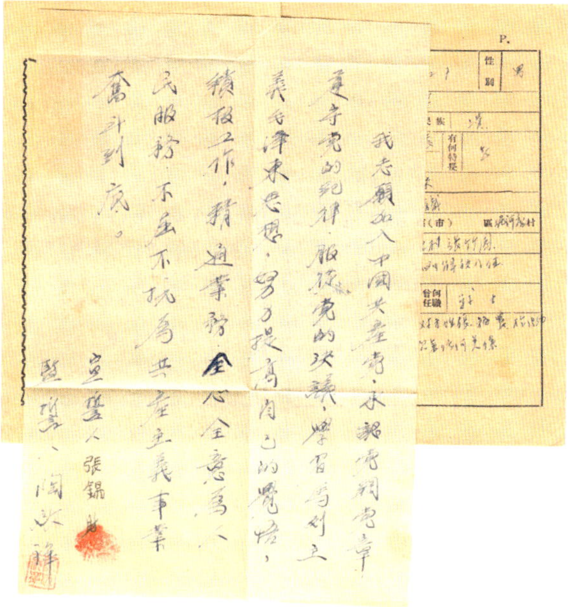

我志願加入中國共產黨，承認黨綱黨章，遵守黨的紀律，服從黨的決議，學習馬列主義毛澤東思想，努力提高自己的覺悟，積極工作，精通業務，全心全意為人民服務，不屈不撓為共產主義事業奮斗到底。

宣誓人 張錫

監誓人

他写道："初参加革命时，一个熟人都没有，感觉有些过不惯，几天以后生活过惯了，感到革命部队的温暖，比起国民党（军队）真是天渊之别，遂下定决心坚决干革命"。"入党动机"是：为共产主义事业奋斗到底，为人民多做一点事情，一定坚决完成上级交给的任务，牺牲个人也是荣光的。

介绍人朱才宽、高正文认为他政治立场坚定，经得起任何环境的考验；工作积极，苦干精神非常好；对党无限忠诚。团党委会批准其入党，候补期半年，从 1951 年 10 月 30 日开始算起。后团党委又批准他按期转正。随这份入党志愿书一道收藏的，还有一份手写誓词。

藏品九十二

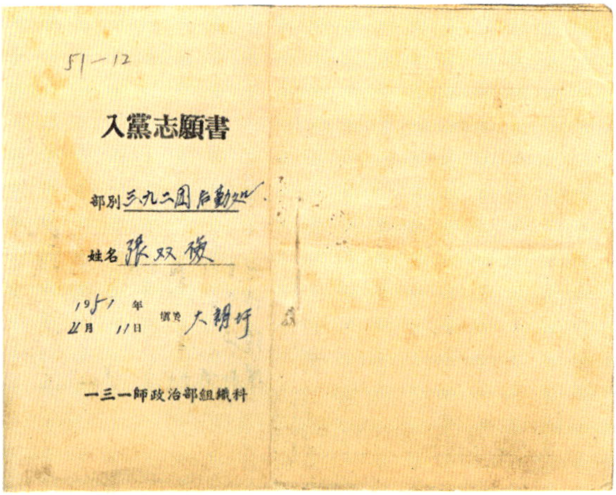

51—12

入黨志願書

部別 三九二團后勤处

姓名 張双俊

1951 年 4 月 11 日 填表 大胡圩

一三一師政治部組織科

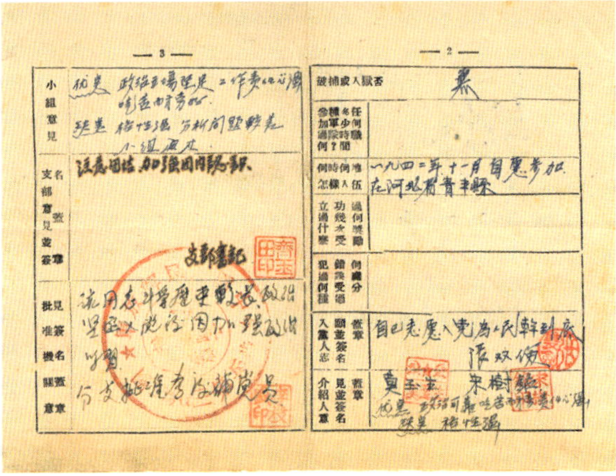

— 3 —

小組意見	優點 政治立場堅定 工作負責細心 虛心學習 缺點 ……不……耐心 小組通過
支部意見簽名蓋章	該同志同意加强團結 支部書記
批准機關簽名蓋章	該同志斗爭歷史較長，政治坚定，……加强政治學習 分支部批准為候補黨員

— 2 —

被捕或入獄否	無
參加過何時任何職務？	
何時何地怎樣入伍	一九四二年十一月自覺參加在河北省青县
立過什麼功幾次受過何獎勵	
犯過何種錯誤受過何處分	
入黨人志願簽名蓋章	自己志愿入党為人民幹到底 張双俊
介紹人意見簽名蓋章	夏玉來 宋樹鈞 優點 政治可靠 工作負責細心 缺點 ……

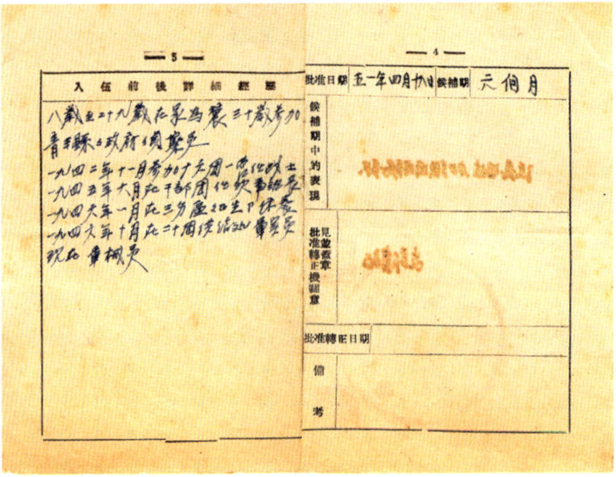

— 5 —

入伍前後詳細經歷

八歲至二十九歲在家為農 三十歲參加青县縣政府通訊員

一九四二年十一月參加十六團一營任戰士

一九四五年六月在干部團任炊事班長

一九四六年一月在三分區供給處……

一九四六年十月在二十團供給处任事務員

現任事務員

— 4 —

批准日期	五一年四月廿日	候補期	六個月
候補期中的表現			
見習批准轉正機關意見蓋章			
批准轉正日期			
備考			

这是一份从左向右翻看的入党志愿书，也是笔者收藏的入党志愿书中，唯一一份从左向右翻看的。

其封皮是素面，字为黑色，共分 5 行：最上边是“入党志愿书”5 个大字，依次往下是部别、姓名、填写的时间和地点，以及“一三一师政治部组织科”字样。誓词内容为手写。

填表人张双俭，39 岁，后勤军械股军械员，籍贯河北清丰（现属河南省）。他自述家中无人，自己参军。其 8 岁至 29 岁在家务农，30 岁担任清丰县县政府侦察员；1942 年 11 月在家乡自愿参加解放军，先在十六团一营任战士，后又任干部团炊事班长、供给处军需员、后勤军械股军械员。

介绍人莫玉生、宋树铭认为他政治可靠，吃苦耐劳，责任心强。小组通过，支部意见为“注意团结，加强团内认识”。批准机关意见为“该同志斗争历史较长，政治坚定，入党后因（应）加强政治学习”。分支党委批准他为候补党员，批准日期是 1951 年 4 月 18 日，候补期半年，后被批准转正。

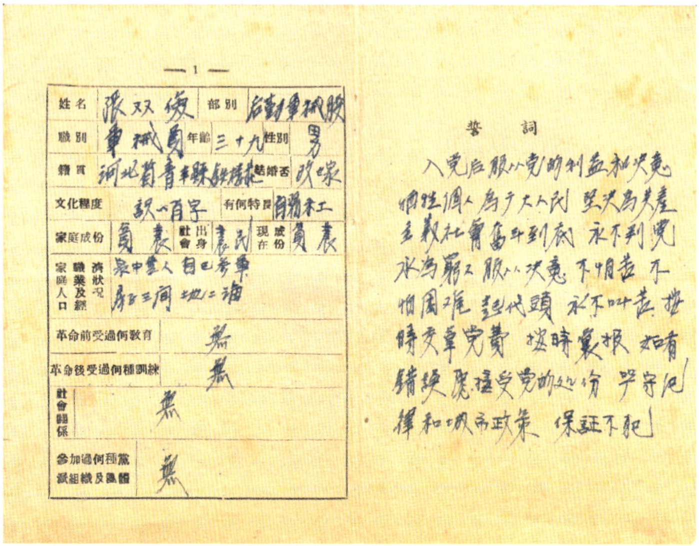
— 1 —

姓名	張双俭	部別	后勤軍械股		
職別	軍械員	年齡	三十九	性別	男
籍貫	河北省清丰縣	結婚否	沒家		
文化程度	認六百字	有何特長	能做木工		
家庭成份	貧農	社會出身	農民	現在成份	貧農
家庭人口職業及經濟狀況	家中無人 自己参軍 房子三间 地六亩				
革命前受過何教育	無				
革命後受過何種訓練	無				
社會關係	無				
參加過何種黨派組織及團體	無				

誓詞

入党后服从党的利益和决定 牺牲個人 為了大人民 坚决為共產主義社會奮斗到底 永不判党 永為窮人 服从决定 不怕苦 不怕困难 起代頭 永不叫苦 按時交草党费 按時彙报 如有错誤 愿接受党的处分 学守纪律和城市政策 保証不犯

藏品九十三

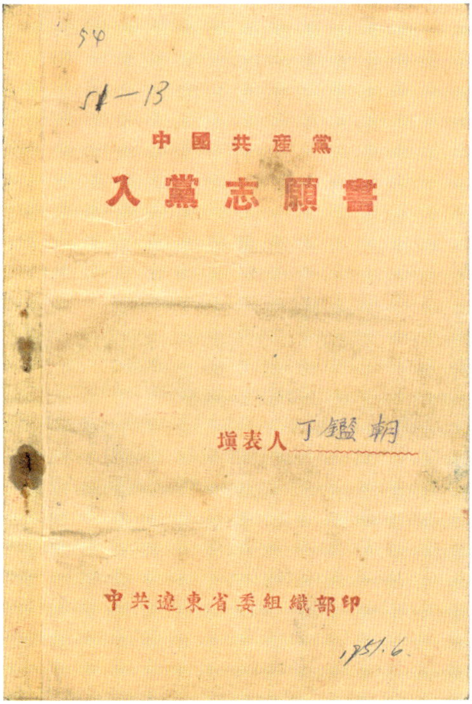
54
51—13
中國共產黨
入黨志願書
填表人 丁鑑朝
中共遼東省委組織部印
1951.6.

这是笔者收藏的一份为数不多的富农出身的战士的入党志愿书，由中共辽东省委组织部印。这是部队人员使用较少的地方组织部门印制的入党志愿书。

填表人丁鉴朝，31 岁，志愿军后方勤务司令部运输第二连班长，籍贯河南鹿邑，富农家庭出身。他自述 9 岁至 15 岁读书，16 岁至 28 岁在家种地，29 岁参军。

入党动机是：为人民服务，革命到底，为人民解放，为了走向新的社会，达到共产主义社会。

介绍人于来朝、王青云认为他思想意识坚定，生活朴素；虽然家里地已经被分了，但他没有提过这方面的问题；吃苦耐劳好，不管遇到任何艰苦困难都没有讲过怪话。

“支部意见”：丁鉴朝服从性好，对上级分配的任务不讲价钱，坚决完成；团结好，对上下级与同级都没有闹过意见；管理方式好，会说服动员；从出发来班内没有发生过问题；互相帮助很好，热心对同级干部解释问题。支部同意其入党。

经党委会批准，1951 年 6 月 30 日，他在朝鲜岭中里入党，候补期 1 年。1952 年 6 月 30 日，他在定州郡嘉太里被批准按期转为正式党员。

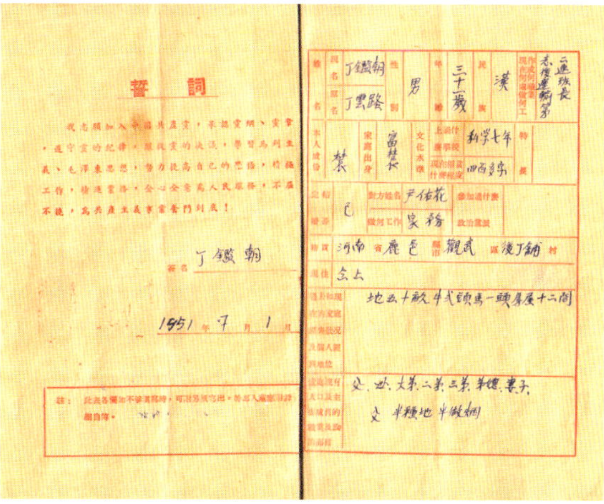
誓詞

我志願加入中國共產黨，承認黨綱、黨章，遵守黨的紀律，服從黨的決議，學習馬列主義、毛澤東思想，努力提高自己的覺悟，積極工作，保守黨的秘密，全心全意為人民服務，不屈不撓，為共產主義事業奮鬥到底！

簽名 丁鐵翰

1951 年 7 月 1 日

姓名	丁鐵翰
別名	丁雲路
性別	男
年齡	三十一歲
民族	漢
現任何職或做何工	二連班長 志願連副第
本人成份	農
家庭出身	富農
文化水準	私學七年 / 四面會寫
已婚	已
對方姓名	尹桂花
做何工作	家務
籍貫	河南省鹿邑縣觀武區後丁鋪村
現住	仝上
家庭經濟狀況	地五十畝 牛弍頭 馬一頭 房屋十二間
家庭現有人口	父、母、大弟、二弟、三弟、弟媳、妻子。父 半種地 半做綢

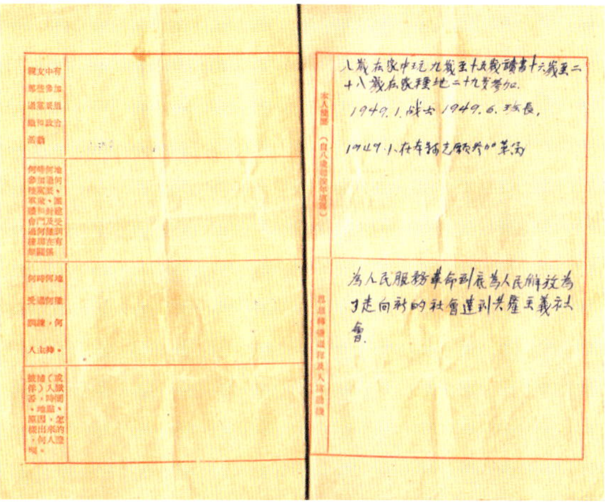
本人簡歷：八歲在家中玩，九歲至十五歲讀書，十六歲至二十八歲在家種地，二十九歲參加。
1949.1. 戰士 1949.6. 班長。
1949.7. 在本部先鋒隊參加業餘……

為什麼要入黨：為人民服務，革命到底，為人民解放，為了走向新的社會達到共產主義社會。

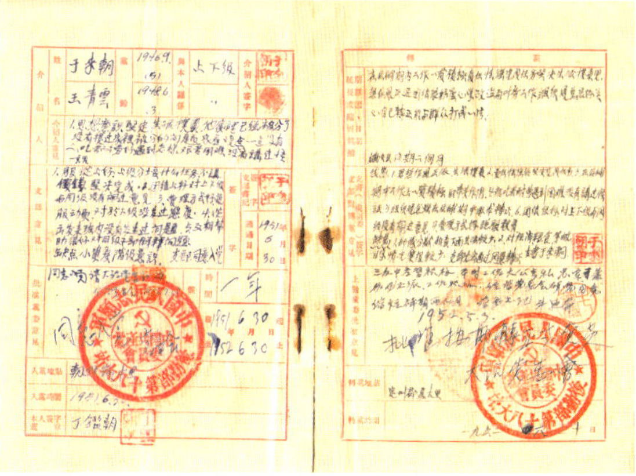

藏品九十四

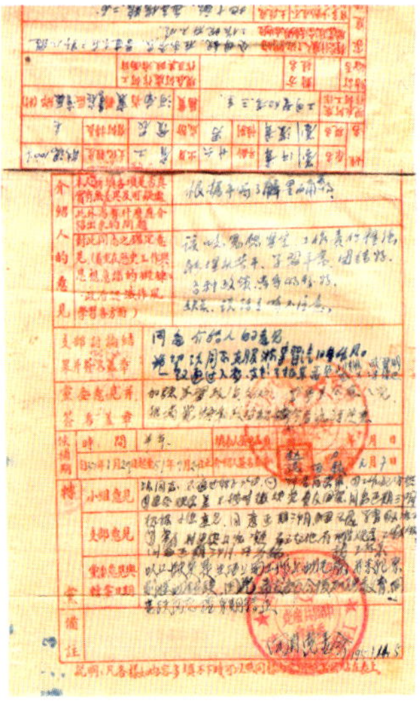

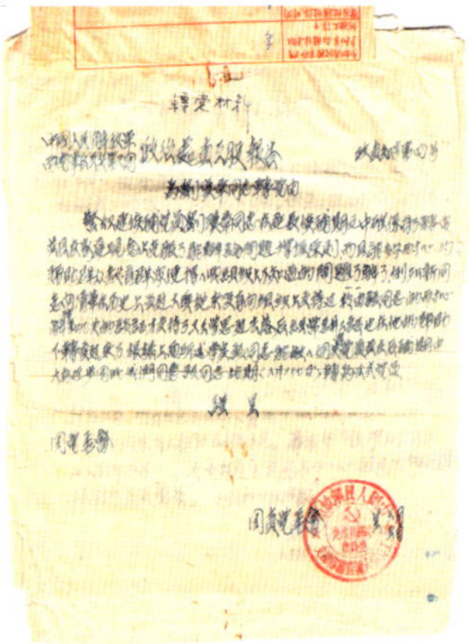

这份入党志愿书由第二野战军后勤政治部组织部制，绵纸质地、册页式。填表人刘汉章（曾用名：刘汗章），26岁。他表示自己9岁以前讨饭，9岁以后当雇工，后自愿入伍。

他写道："过去因为在解放军里不习惯，思想认识马虎，经过上级教育，在政治上有了些认识。为了消灭封建和不平等制度，为了彻底实现共产主义而奋斗到底。"

综合介绍人与支部讨论意见，营党委会同意他入党，候补期半年，自1951年1月27日至1951年7月27日，并且指出他要加强学习政治文化，提高觉悟和政治认识，今后说话要注意。

在"转党"一栏中，小组及支部均同意延期3个月。而团直党委会认为，小组与支部指出的刘汉章的缺点均为生活与工作上的毛病，并未犯原则上的错误，希望支部今后加强教育，同意该同志按期转正。

这份材料中还附有团直党委会为刘汉章转党送上级党委的请示报告。西南军区工兵第六团党委会批准刘汉章自1952年1月27日转为正式党员，并希望支部对他及时教育，其本人应在支部领导下，加强学习，团结群众，克服以往的缺点。

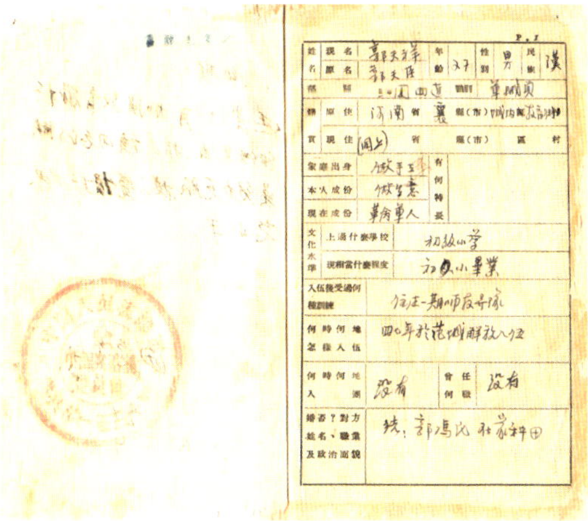

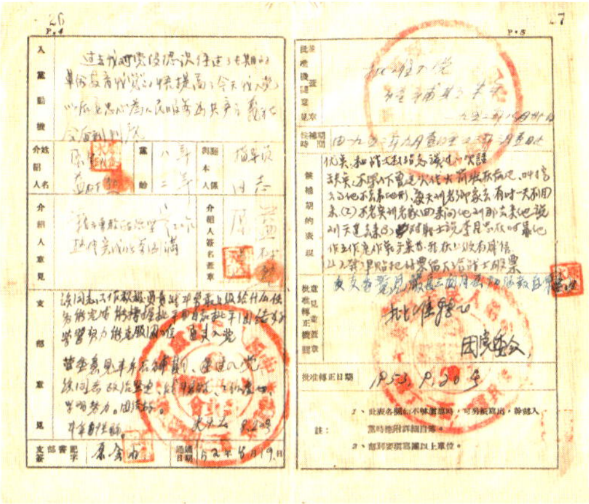

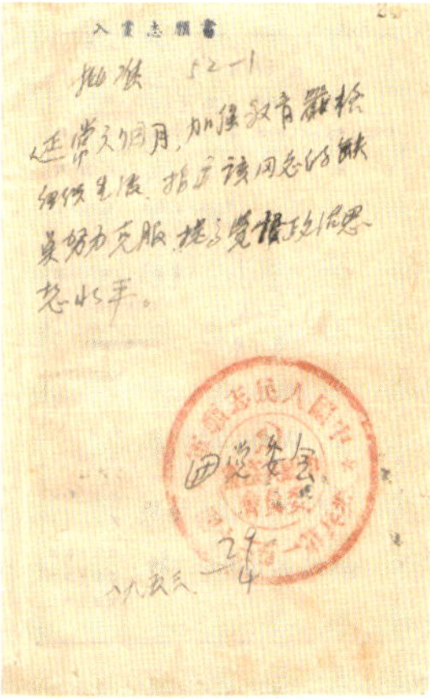

这份入党志愿书的填表人为郭天祥，27 岁，一三〇团四连军械员，籍贯河南襄县。

介绍人认为其战斗勇敢，政治坚定，工作热情，完成任务圆满。经支部通过，营党委批准其入党，候补期从 1952 年 9 月 1 日至 1953 年 3 月 1 日。1953 年 4 月 29 日，团党委会批示其候补期延长半年，并指出要“加强教育，严格组织生活，指出该同志的缺点，努力克服，提高觉悟（和）政治思想水平”。1953 年 9 月 20 日，团党委会批准其转正。

藏品九十六

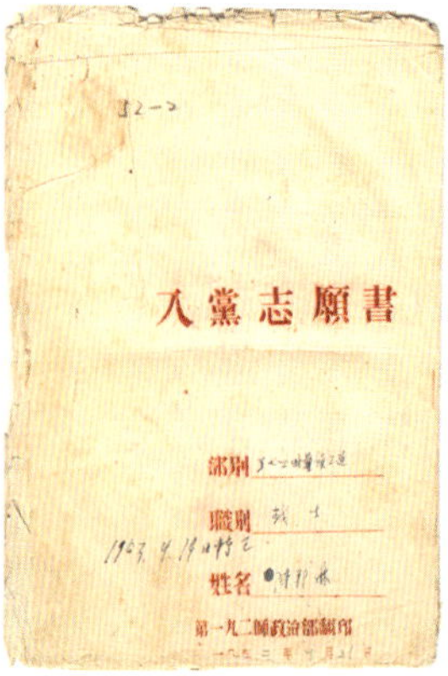
入黨志願書

部別

職別

姓名

第一九二師政治部編印

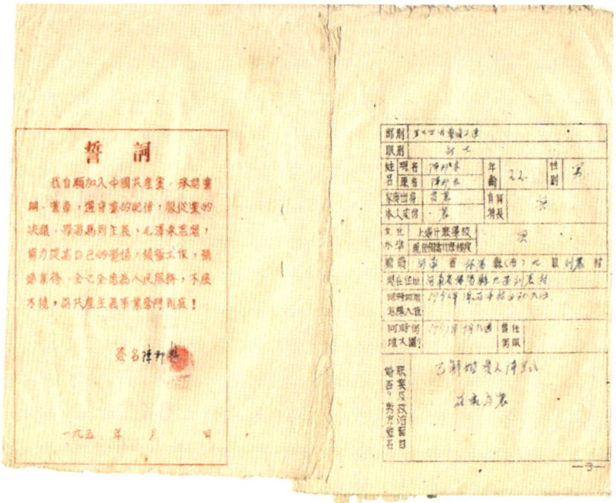
誓詞

我自願加入中國共產黨，承認黨綱、黨章，遵守黨的紀律，服從黨的決議，學習馬列主義、毛澤東思想，努力提高自己的覺悟，積極工作，鑽研業務，全心全意為人民服務，不屈不撓，為共產主義事業奮鬥到底！

簽名

一九五　年　月　日

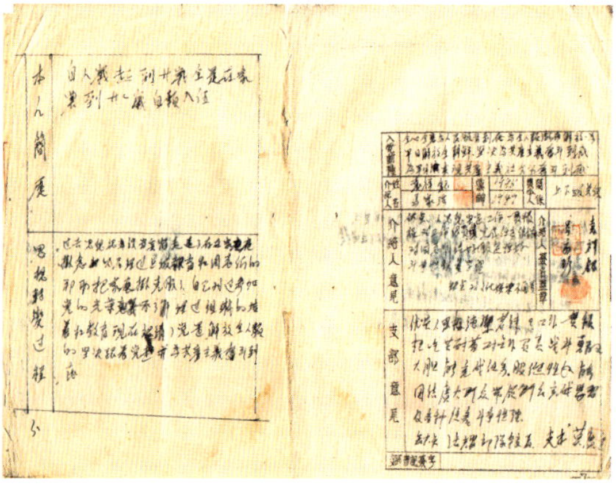

这份入党志愿书是用手工刻制钢板、手工剪裁的毛边纸，红色油墨印制而成的。誓词内容为：“我自愿加入中国共产党，承认党纲、党章，遵守党的纪律，服从党的决议，学习马列主义、毛泽东思想，努力提高自己的觉悟，积极工作，精通业务，全心全意为人民服务，不屈不挠，为共产主义事业奋斗到底！”

填表人陈邦林，22 岁，五七四团警侦工连战士，籍贯河南淮阳。他写道，自己从 8 岁到 20 岁一直在家务农，1951 年 1 月在本村自愿入伍，1951 年 10 月入团。

介绍人袁祥银、马家珍认为他思想坚定，工作一贯积极负责，对同志团结好，服从性好，斗争性强，爱学习。

支部认为他思想纯洁老练，吃苦耐劳，战斗勇敢大胆，能带领群众完成学习及各种任务。团直党委会批准其入党，候补期半年，从 1952 年 10 月 19 日开始计算。根据候补期表现，1953 年 6 月 13 日，团直党委批准其按期转正。

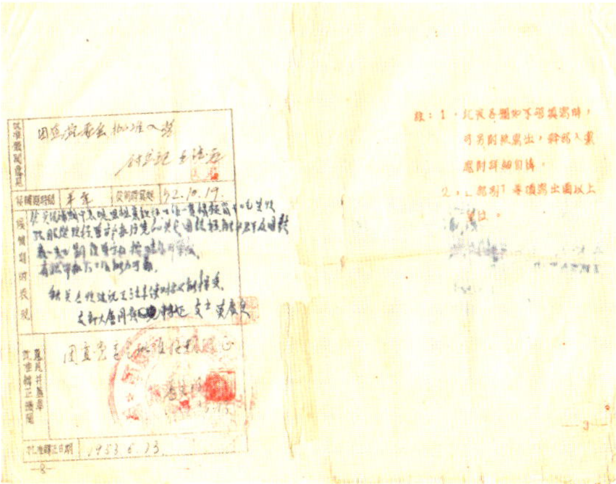
批准机关意见	团直党委会批准入党		
候补期时间	半年	候补期自	52.10.19.
候补期间表现			
意见并批准转正机关	团直党委		
批准转正日期	1953.6.13.		

—8—

注：1．此表各栏如不够填写时，可另附纸写出，

2．

—3—

藏品九十七

这是一份由中国人民解放军第五十军政治部组织部翻印的入党志愿书。封面的上半部是木刻版画，背景是以鲜红为主色调的党旗，整个画面充满动感，堪称那个年代难得一见的“艺术珍品”。

填表人谢贵仁，21岁，一四九师四四五团二营五连战士，籍贯河南虞城，贫农家庭出身。他自述12岁至17岁上学，17岁被国民党拉去当兵，1949年10月厦门解放后入伍，1951年6月25日入团。1950年8月他在练兵中立四等功1次，1951年3月在挖工事中立四等功1次，被评为好团员2次。

“入党动机”一栏写道：“为了抗美援朝的澈（彻）底胜利，保卫祖国安全建设，为人民谋幸福，使中国达到共产主义社会，解放全人类。自己决心要做一个人民勤务员，为共产主义事叶（业）奋斗到底。”

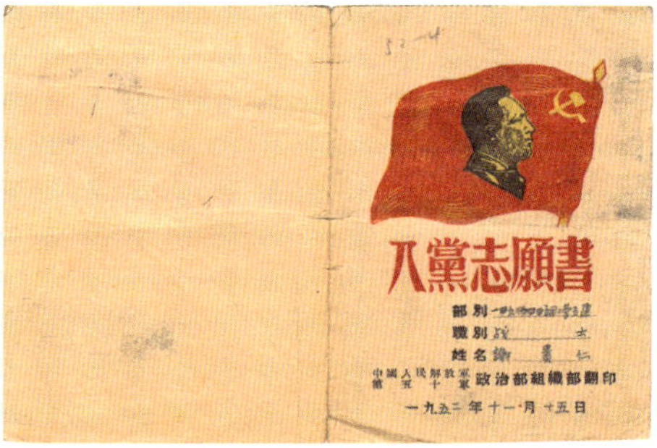

入黨志願書

部别 一四九師四四五團二營五連

職别 战士

姓名 谢贵仁

中國人民解放軍第五十軍政治部組織部翻印

一九五二年十一月十五日

介绍人艾洪海、姚万年认为该同志思想纯洁，学习努力，工作苦干，斗争性强。

支部讨论同意他入党，营党委会批准，候补期半年，从1952年12月24日算起。

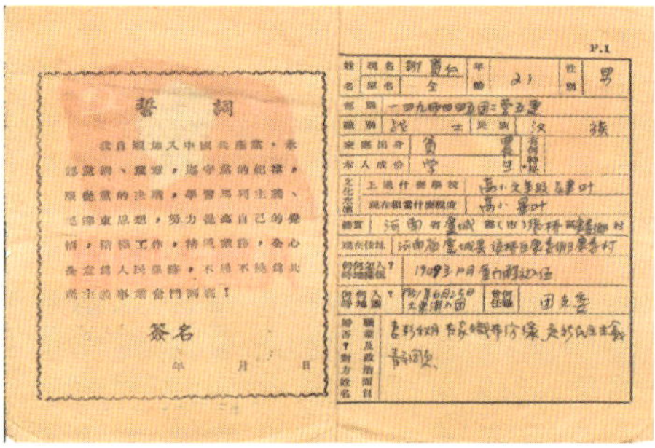

誓詞

我自願加入中國共產黨，承認黨綱、黨章，遵守黨的紀律，服從黨的決議，學習馬列主義、毛澤東思想，努力提高自己的覺悟，積極工作，…，全心全意為人民服務，不惜犧牲為共產主義事業奮鬥到底！

簽名

年 月 日

P.1

姓名 現名	谢贵仁	年齡	21	性別	男
姓名 原名	仝				
部別	一四九师四四五团二营五连				
職別	战士	民族	汉族		
家庭出身	贫农				
本人成份	学生				
文化水度 上過什麼學校	高小				
文化水度 現在相當什麼程度	高小				
籍貫	河南省虞城县（市）				
現在住址	河南省虞城县				
何時何地參加革命	1949年10月厦门解放入伍				
何時何地入團	1951年6月25日			團員	

支部大会认为他在候补期工作一贯积极，情绪一贯高涨，没有和同志们闹过意见，作风正派，遵守纪律政策好，通过其转正。营党委批准他按期转正。

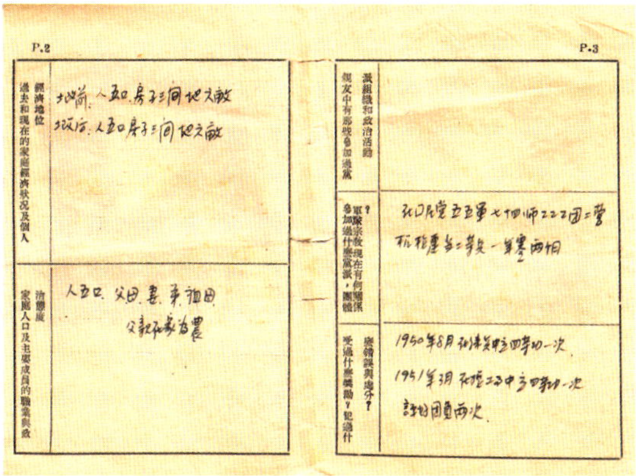

P.2

經濟地位 過去和現在的家庭經濟狀況及個人	土改前：人五口 房子三间 地六亩 土改后：人五口 房子三间 地六亩
家庭人口及主要成員的職業與政治態度	人五口 父母 妻 弟 祖母 父亲下务为农

P.3

參加過什麼組織和政治活動	
參加過什麼軍隊、黨派、團體？現在有何關係	在旧国民党五军七十四师二二二团二营
受過什麼獎勵？犯過什麼錯誤與處分？	1950年8月 …… 一次 1951年3月 …… 一次 評模范两次

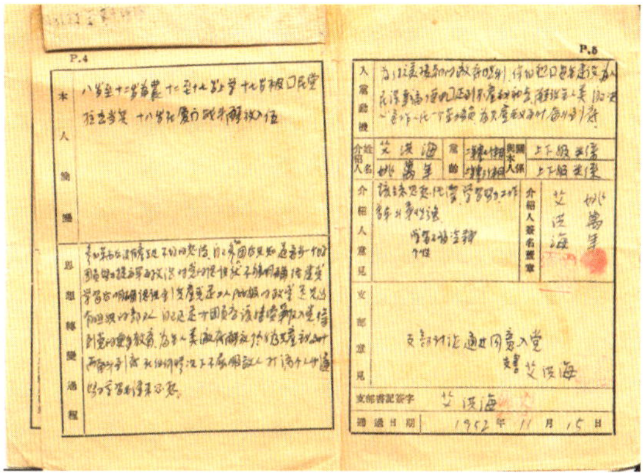

P.4

本人簡歷	八岁至十七岁务农 ……
思想轉變過程	[illegible]

P.5

入黨動機	[illegible]		
介紹人名	艾茂海 / 姚萬年		
介紹人意見	[illegible]	介紹人簽名蓋章	艾茂海 姚萬年
支部意見	支部討论通过同意入党 書記 艾茂海		
支部書記簽字	艾茂海		
通過日期	1952年11月15日		

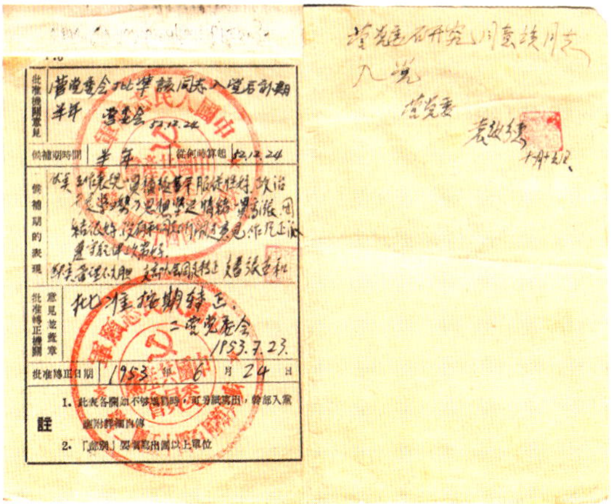

批准機關意見	营党委会批准 …… 同志入党 候补期半年 营党委会 52.12.24
候補期時間	半年
候補期起算日	52.12.24
候補期的表現	[illegible]
批准轉正意見並蓋章	批准按期转正 二营党委会 1953.7.23
批准轉正日期	1953年6月24日

註 1. 此表各欄如不夠填寫時，可另紙寫出，作為入黨志願書附件
2. 「意見」要……以上單位

营党委研究，同意……同志入党
营党委
……

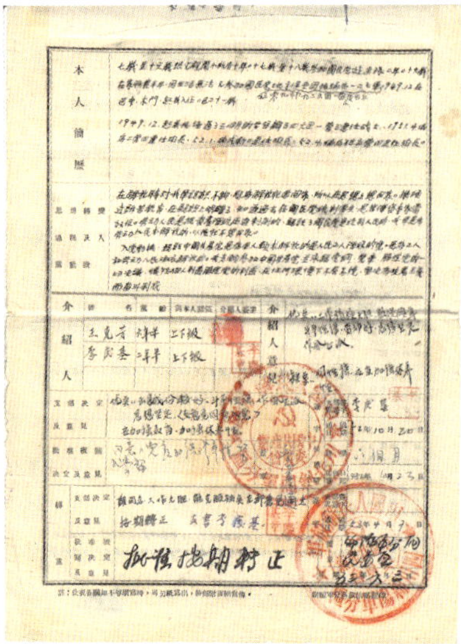
批准按期转正

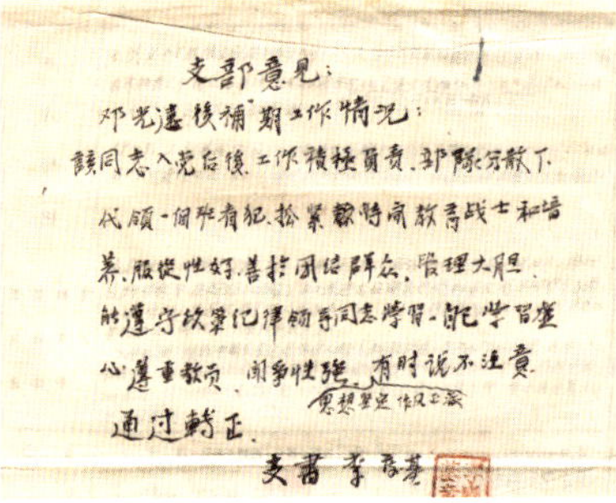
支部意見：

邓光遠候補期工作情况：

該同志入党后後工作積極負責、部隊分散下

代領一個班看犯、抓緊對時向敌青战士和培

养、服從性好、善於團結群众、管理大胆、

能遵守紀律、帮助同志学习、能学习虚

心、遵重教员、斗争性强、有时说不注意。

思想堅定 作風正派

通过转正。

支書 李慶基

这份入党志愿书的填表人为邓光远，24 岁，籍贯河南谷熟，贫农家庭出身。其 7 岁至 16 岁跟父亲开小饭店，17 岁至 18 岁参加国民党游连队；19 岁归家务农，因生活所迫，又参加国民党地主保安团（后编为一二七军三〇九师九二六团一营一连）当兵；1949 年 12 月在巴中木门起义加入解放军，1951 年 1 月经战友介绍参加青年团。

入党动机是：认识到中国共产党是为全人类求解放的，是人民工人阶级的党，是为个人和劳动人民彻底解放的……坚决为共产主义而奋斗到底。

介绍人王克芳、李庆基认为邓光远工作积极大胆，服从领导，斗争性强，劳动好，思想坚定，作风正派。

支部同意他入党。其党员候补期 6 个月，从 1952 年 10 月 23 日开始计算。1953 年 6 月 3 日，绵阳军分区党委会批准其转正。

这份入党志愿书的填表人为王瑞亭，24 岁，四四六团一营二连战士，籍贯河南唐河。他自述 8 岁至 12 岁割草放羊，13 岁做小生意，20 岁在国民党军队当兵，1949 年 10 月解放后入伍，1950 年 8 月入团。他入伍后立三等功 1 次，获奖章 1 枚（后勤任务），被评为好团员 1 次，获物资奖励。

入党动机是：为人民多出力，多负责，多贡献，为了早日达到共产主义社会。

介绍人袁正华、董耀文认为王瑞亭工作积极负责，埋头苦干，学习虚心，团结互相好，能带领和鼓舞群众彻底完成工作或任务。

支部同意他入党。营党委会批准其入党，候补期 6 个月，从 1952 年 12 月 31 日算起。其在候补期“能向困难作斗争，坚定决心，并能推动大家爱护国家财产”，1953 年 7 月 5 日营党委会批准其按期转正。

入黨志願書

部別 四四六团一營二連

職別 戰士

姓名 王瑞亭

中南軍區第四野戰軍政治部組織部製

一九五二年十二月十五日

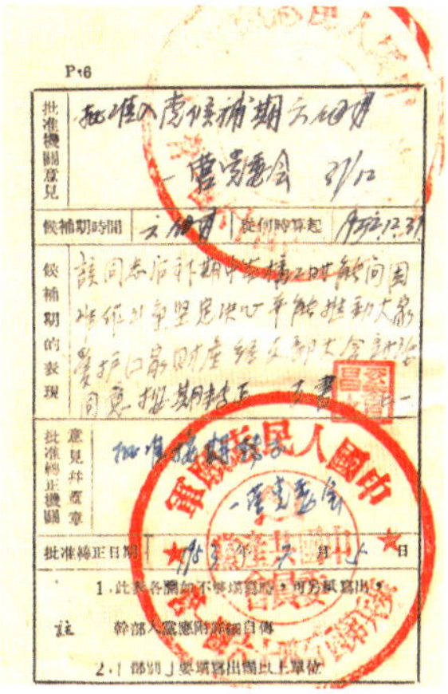
P·6

批准機關意見：批准入党候補期六個月 一營党委会

候補期時間：六個月　從何時算起：1952.12.31

候補期的表現

批准轉正機關意見并蓋章：批准按期轉正 一營党委会

批准轉正日期：1953 年 7 月 5 日

註：1.此表各欄如不夠填寫時，可另紙寫出。幹部入黨應附詳細自傳

2.「部別」要填寫出團以上單位

这份入党志愿书的填表人为蓝骑，29 岁，三七八团三营七连班长，籍贯河南延津，贫农家庭出身。

据他介绍，自己曾念过 6 个月的书，17 岁开始在家种地，1949 年 2 月被安阳土匪抓去国民党五团一营三连当兵，同年 4 月在安阳被解放后加入解放军。他还写道，入伍后，一开始对党和人民的认识还不够深，直到 1951 年 3 月 8 日负伤住院后，看到护士对伤员照顾得非常好，自己被感动。他认为入伍后对党和人民没有什么贡献，当时就下决心，伤口转好时马上二次重返朝鲜战场。他树立了一心一意为人民服务的观点，确定了为共产主义奋斗到底的决心。

“入党动机”是：为全人类解放，为早日实现共产主义奋斗的目标前进，为了早日消灭帝国主义而新中国很快走到自由幸福。

介绍人王履荣、苏清科认为他能彻底完成任务，威信好，服从命令好而且不打折扣，特别是在战斗中勇敢、不怕牺牲。支部认为他立场坚定，但个性强、斗争性较差，要加强学习政治理论。营党委会批准他入党，候补期 6 个月。1953 年 9 月 30 日，营党委会批准他转为正式党员。

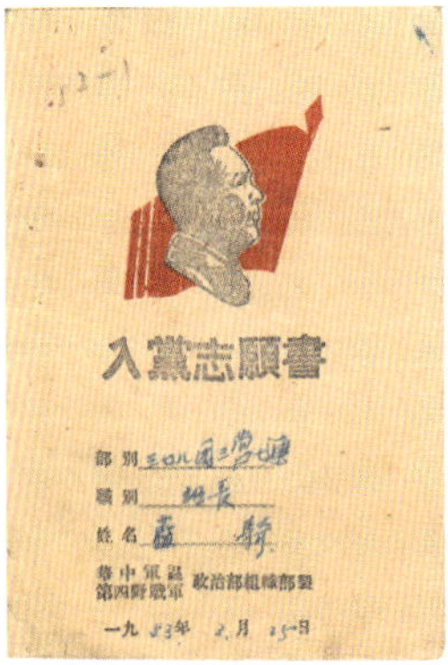
入黨志願書

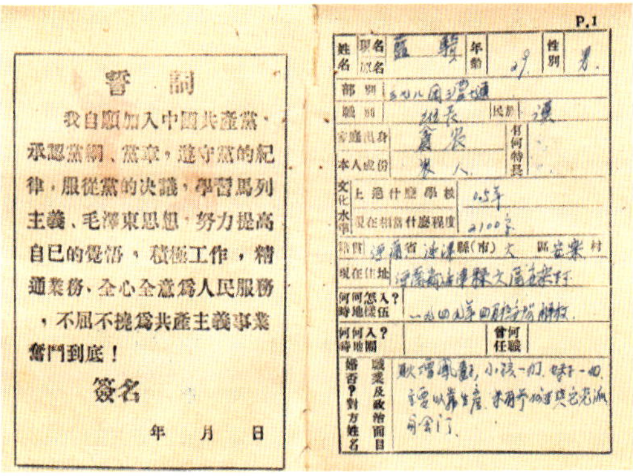
誓詞

我自願加入中國共產黨，承認黨綱、黨章，遵守黨的紀律，服從黨的決議，學習馬列主義、毛澤東思想，努力提高自己的覺悟，積極工作，精通業務，全心全意為人民服務，不屈不撓為共產主義事業奮鬥到底！

簽名

年 月 日

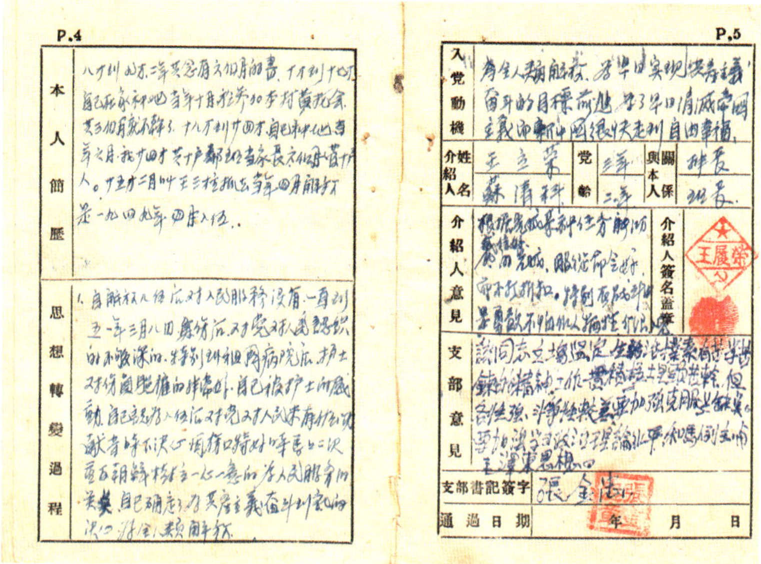

P.4
本人簡歷
思想轉變過程
P.5
入党動機
介紹人姓名
党齡
與本人關係
介紹人意見
介紹人簽名蓋章
支部意見
支部書記簽字
通過日期 年 月 日

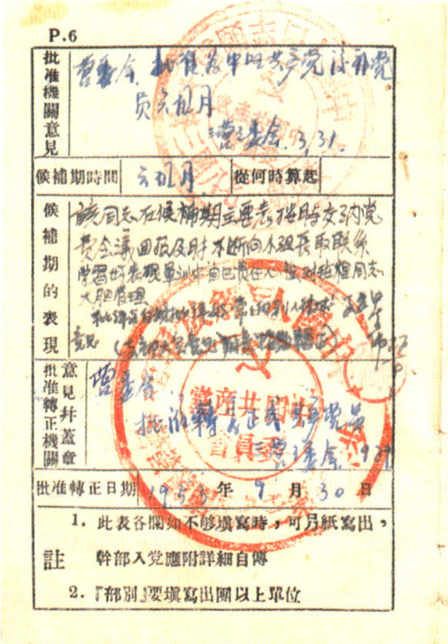

P.6
批准機關意見
候補期時間
從何時算起
候補期的表現
批准轉正機關意見并蓋章
批准轉正日期 年 月 日
註 1. 此表各欄如不够填寫時，可另紙寫出，幹部入党應附詳細自傳
2. 『部別』要填寫出團以上單位

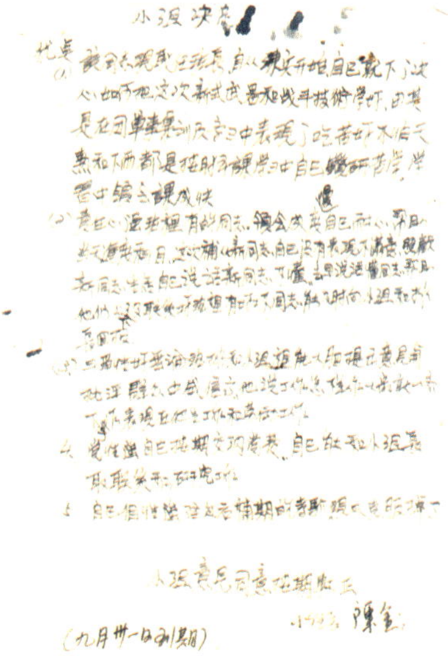

第二部分

各时期入党志愿书名称及入党誓词

在整理多年收藏的中华人民共和国成立前后的入党志愿书时，笔者发现这类入党志愿书有 10 多种名字，入党誓词也有 10 多种。现将这些整理发现的情况梳理展示，对研究党史或许能有一定的帮助。

同是“入党志愿书”，名称却不相同

1. 入党志愿书 笔者所见最早使用这一名称的，是现藏于井冈山革命博物馆的一件藏品。

2. 中国共产党入党志愿书 笔者所见最早使用这一名称的，是1948年华东鲁中军区政治部组织部手工刻版、红色油印的入党志愿书。另外，还有1949年三十二军使用过的红色铅印本，1952年河南省军区某武装部使用过的河南省委组织部铅印本、某警卫团和六六五团使用过的军委总政治部组织部铅印本。

3. 中共入党志愿书 笔者所见均为华野部队印制、1949年使用。其中，华野一纵一师组织科为手工刻印，华野山东兵团政治部组织部为套红铅印。

4. 入党自愿书 笔者所见最早是1948年某公安局使用过的铅印本，1949年中原军区也曾使用过手工刻印本。

5. 入党志愿表 笔者曾先后见到过十份“入党志愿表”。其中年代最早的是八路军卫生学校翻印、通信学校报务员杨迪哲于1939年2月21日填写的。1947年1月22日，骑一团孙敏志填写的手工刻版、黑色油墨印刷的入党文书也叫作“入党志愿表”。还有东北军区政治部1948年铅印本、黑龙江军区刻印本。1949年，中原军区运输司令部政治部组织科、六军政治部组织部和一二九团也曾先后刻印、石印并使用过同样名称的入党文书。时间最晚的是某机炮一连李但成于1950年11月5日填写的一份，现收藏于新疆石河子市生产建设兵团博物馆。

6. 入党自愿表 此种笔者仅见过一例，是1950年一〇九团使用的手工刻印本。

7. 入党志愿及入党介绍表 1949年，六十六军补训团曾经使用过。

这实际上是把“入党志愿书”和“入党志愿表”合并而派生出来的一个新名称。

8. 党（团）员入党（团）志愿表 笔者只见过1949年某机炮连使用过的一例。此表名称非常奇特，与之配套使用的有一份“候补党（团）员转正表”，该表右侧竖写有两条说明。笔者虽未见过入团使用这样的志愿书，但推测应为入党和入团通用。

9. 入党介绍书 笔者所见均为1950年使用，因均未标明印制单位，无法判断其使用的详细情况。

10. 志愿书 笔者所见为1947年黑龙江军区青冈保安大队使用过这一名称。

直到1952年，“入党志愿书”的名称才趋于统一。其中最大亮点是在“入党志愿书”的前面，增加了中国共产党这个党组织的全称，使得“中国共产党入党志愿书”和其他党派的志愿书明显区别开来。

重温“入党志愿书”上的入党誓词

第二野战军后勤政治部组织部版本中，誓词的内容是：“我志愿加入中国共产党，承认党纲党章，参加党的组织、服从和执行党的决议，并为目前党的政纲政策、土地改革的实现而奋斗到底。谨作如下之宣誓：终身为共产主义事业而奋斗；党与人民的利益高于一切；百折不挠积极为党工作；全心全意为人民服务；遵守党的纪律；对党绝对忠实；努力学习提高自己。谨誓！”

克山政治处翻印版本中，誓词的内容是：“我承认共产党的纲领和党章，并在组织内积极工作，服从党的决议，缴（交）纳党费，特宣誓如下：一、努力地提高自己的觉悟程度和领会马克斯（思）列宁主义、毛泽东思想的基础；二、严格地遵守党纪，积极参加党内的政治生活和国内的革命运动，实际执行党的政策和党的组织的决议，和党内党外一切损害党的利益的现象进行斗争；三、为人民群众服务，巩固党与人民群众的联系，了解并及时反映人民群众的需要，向人民群众解释党的政策；四、模范地遵守革命政府和革命组织的纪律，精通自己的业务，在各种革命事业中起模范作用。”该誓词笔者最早见于1948年龙江军区印制并使用的“入党志愿书”。

华野一纵版本中，誓词的内容是：“我誓以至诚参加中国共产党，坚决做到：牺牲个人，服从组织，遵守党纪，严守秘密，积极工作，努力学习，执行决议，永不叛变，终身为共产主义事业奋斗到底。如有违背，愿受党纪处分。谨此宣誓。”

晋绥军区版本中，誓词的内容是：“一、终生为共产主义事业奋斗；二、党的利益高于一切；三、遵守党的纪律；四、不怕困难（，）永远为党工作；五、要作（做）群众的模范；六、保守党的秘密；七、对党有信心；八、百折不挠，永不叛党。”该誓词笔者最早见于1946年5月晋绥军区司令部一科科长使用的“入党志愿书”。

黑龙江省委组织部版本中，誓词的内容是：“我决心加入中国共产党，诚心诚意为劳苦群众服务，为新民主主义和共产主义事业干到底。自入党以后，努力工作，实事求是，服从组织牺牲个人，执行命令遵守纪律，保守秘密，永不叛党，如有违背，愿受党纪严厉制裁，谨此宣誓。”该誓词笔者最早见于1948年11月王玉蓉使用的“入党志愿表”。

郑州军分区版本中，誓词的内容是：“我愿参加中国共产党，成为无产阶级的先锋队，为中国劳动人民的澈（彻）底解放奋斗到底，坚决服从党的领导，遵守党的纪律，全心全意为劳动人民服务，绝不计较个人利害，一切服从革命利益，无论任何艰险困难复杂环境，绝不动摇悲观，绝不变节，要澈（彻）底完成中国的新民主主义革命，直至共产主义革命，在毛泽东旗帜下胜利前进！”该誓词笔者最早见于1948年3月19日郑州军分区战士使用的“入党志愿书”。

东北军区五〇五团版本中，誓词的内容是：“我自愿加入中国共产党的组织，向党宣誓：拥护党纲党章，按期缴（交）纳党费，遵守党的纪律，保守党的秘密，服从党的调动，坚决执行决议，团结群众进步，经常努力学习，为党牺牲一切，终身奋斗到底。”该誓词笔者最早见于1950年4月和7月，五〇五团两位战士分别使用的“入党志愿书”。

1947年3月山东省掖县一位同志使用的“入党志愿书”中，誓词的内容是：“我志愿加入中国共产党，在党的拎（领）导下，愿终身为共产主义事叶（业）奋斗到底；承认党纲，遵守党纪，并加入党的组织之一，在其中积极为党工作，无条件的（地）实际的（地）执行党的决议和政策，服从组织调动和分配，决心为人民群众服务，巩固党与群众人民的联系，按期缴（交）纳党费，遵守党纪，严守秘密，积极参加党的政治生活和革命斗争，不动摇，不叛变，不怕牺牲和困难，并努力学习，提高自己的觉悟程度，在各种革命事叶（业）中起模范作用，并和党内外一切损害党的利益的现象进行不屈的斗争，党的利益高于一切，服从党的利益，如违以上誓言，愿受党纪严历（厉）制裁。谨誓！”

1948年4月中共豫皖苏三地委组织部印制的“入党志愿书”中，誓词的内容是：“我为了全世界无产阶级解放事叶（业），建设社会主义的新中国，今自愿参加中国共产党，入党后：一、坚决牺牲个人利益（，）积极为党工作；二、永远忠实于党；三、遵守党的纪律；四、服从党的决议；五、保守党的秘密；六、为党的事业奋斗到底；七、在任何困难环境下永不叛变；八、如有违党的誓言，愿受党的纪律（处分）。”

1948 年 5 月某公安局使用的“入党自愿书”中，誓词的内容是：“自愿参加中国共产党的组织，承认党纲党章，不怕任何牺牲，联系群众，积极为党工作，尊（遵）守党纪，保守秘密，缴（交）纳党费，在目前阶段为澈（彻）底实行新民主主义社会与将来澈（彻）底实现中国共产主义社会而奋（斗）到底！”这是笔者目前见到的“入党志愿书”誓词中，符合党的七大党章关于“承认本党纲和党章”规定的最早、最完整的表述。

1949 年 6 月西北野战军一军二师六团政治处翻印的“入党志愿书”中，誓词的内容是：“我自愿参加共产党！向党宣誓：一、为党的事业奋斗到底；二、服从分配执行决议；三、遵守党的纪律；四、以身作则团结群众；五、努力学习力求进步；六、牺牲自己永不叛党。”

1949 年 10 月华中军区军需部组织科复写的一份“入党志愿书”中，誓词前半部分复写的内容是“我承认共产党的纲领和党章，并在组织内积极工作，服从党章决议，缴（交）纳党费，特宣誓如下”。誓词后面的三条内容，即“1. 为了劳苦大众不受资产阶级和地主的压迫，我参加共产党！2. 为了人民全部得到解放！为着人民过着平等生活！3. 为共产主义社会奋斗到底！”则是用钢笔填写的。

1950 年 5 月湖南军区政治部组织部印制的“入党志愿书”中，誓词的内容是：“我们的党是新中国的核心，是为人民谋（幸）福的。我入党后绝对执行党纲、党章，坚决在党与毛主席的领导之下，为共产主义而奋斗到底。个人利益坚决服从党的利益，听从上级分配，遵守党的一切政策法令，不作个人打算。克服困难，不向困难低头。以上各项，澈（彻）底执行。如有违犯，愿受上级党的纪律制裁，受最严重之处分。”

1951 年 4 月一三一师政治部组织科印制的“入党志愿书”中，誓词的内容是：“入党后服从党的利益和决意（议），牺牲个人为广大人民，坚决为共产主义社会奋斗到底，永不判（叛）党，永为穷人，服从决意

（议），不怕苦，不怕困难，起代（带）头（作用），永不叫苦，按时交纳党费，按时汇报，如有错误，愿接受党的处份（分），严守纪律和城市政策，保证不犯。”

笔者曾在2001年出版的一本收藏类杂志上见过一张1939年新四军游击队颁发的“中国共产党党证”图片，上面有“党员誓词”，内容是：“1. 坚决执行党的路线；2. 绝对服从党的纪律；3. 严守党的组织秘密；4. 遵从党的组织原则；5. 完全牺牲个人利益；6. 努力完成革命事业。”

回顾中国共产党早期的入党誓词，有一个非常重要的是：三湾改编后，1927年10月15日，毛泽东同志在湖南主持六名新党员入党宣誓仪式时亲自撰写的誓词——牺牲个人，努力革命，阶级斗争，服从组织，严守秘密，永不叛党。这是首次将“永不叛党”加入了入党誓词中。

第三部分

媒体声音撷英

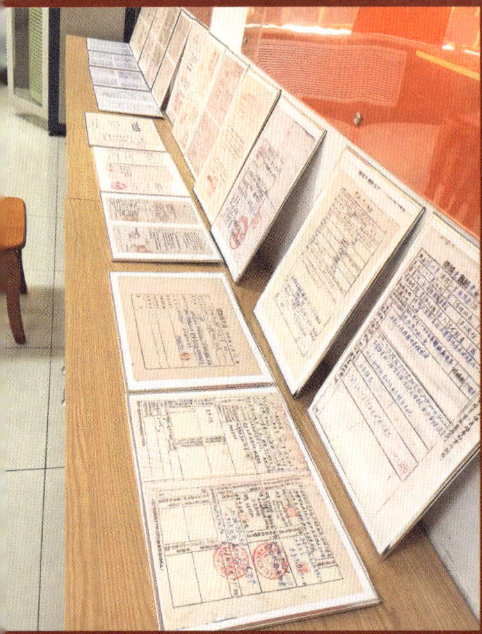

2021年6月8日，在军休所老干部活动中心，“学习百年党史·感悟入党初心”主题展拉开了帷幕，展品正是韩珍明带来的百余份入党志愿书。

一张张泛黄纸页上形态各异的笔迹，诉说的是一个共同的心愿与追求——我志愿加入中国共产党，入党光荣！

时至今日，关于这批展品背后主人公的“后续人生”，可以获知的信息是当中有人牺牲在了战场，有人已经故去，还有人行踪不明。但正是因为有了如此珍贵的留存，他们的革命理想和崇高信仰被永恒定格，成为最耀眼的光芒，指引和激励着后来人继续前行。

如此意义非凡的展览，自然引发了众多媒体与舆论的强烈关注。不妨来看看其中部分经典的评价——

初心如磐　百份入党志愿书见证忠诚与信仰

在北京莲花池军休所，正在展出的上百份不同历史时期的入党志愿书吸引了许多老党员前来观看。看到眼前泛黄纸页上的铮铮誓言，老人们仿佛又回到了青年时代入党宣誓的激动时刻，那份朴实纯粹的初心依然滚烫。

珍藏这些入党志愿书的老人叫韩珍明，是一位有着47年党龄的老兵。这些年，他辗转全国各地，已经收集了上千份入党志愿书。

这些泛黄的纸页，时间跨度从战争岁月延续到新中国成立初期，不同时期的党员用他们质朴的话语，诠释着对信仰的理解。

百余份入党志愿书，延续着一代代党员的初心。在这些形式不一、大小不一的入党志愿书中，“入党志愿”一栏，占据的篇幅最大，包含着党员的入党动机和坚定决心。每一份入党志愿书的背后，都承载着前辈们对党的向往和他们的初心故事。例如，一份83年前的入党志愿书，没有封面，没有规范格式，只是简单的几页纸，但是细看其中的文字，却能感受到字里行间蕴含的对党的那份赤诚与渴望。

写下这份入党志愿书的是当时一名21岁的女学生，接受过高等教育，在“入党动机”一栏中可以看出她在背井离乡加入八路军后，思想受到很大触动。她在入党志愿书中，写有这样两句话：“我认为共产党是世界上最好的一个、最正确的一个党，能为无产阶级谋利益，为劳苦大众求生存，所以我就要入党。”“在这革命的浪潮里使我党更壮大与巩固起来，才能很快的成功。”

这位革命年代的先进女青年后来毕业于延安陕北公学，也是在这所党中央直接领导创办的革命大学里加入了中国共产党。这份跨越83年的入党志愿书，一笔一画，一字一句都饱含着她对党的热爱。韩珍明老人说，翻看这些入党志愿书，在感受一代代共产党员坚定初心的同时，对自己也是一次心灵的洗礼。

如果说，填写入党志愿书只是表达了一个动机、传递了一份初心，那么，要做一名合格的共产党员，就要用一生的坚守去践行誓言。时至今日，先辈们的入党初心，就通过这一份份留存下来的入党志愿书，鼓舞和感召着今天的人们。

——2021年6月9日中央广播电视总台《军事报道》

北京莲花池军休所举办“学习百年党史·感悟入党初心”主题展

百年征程波澜壮阔，百年初心历久弥坚。6月8日上午，“学习百年党史·感悟入党初心”主题展览在北京市莲花池军休所开幕。

此次展览主要展出了自革命年代至新中国成立初期的百余份入党志愿书。这些珍贵史料是由军休干部韩珍明在全国多个省份辗转收集所得，翔实记录了不同时期共产党人的初心故事。

展览现场，来自莲花池军休所党总支的年轻党员与退役老兵一起重温铿锵有力的入党誓词，感悟一代代共产党人矢志不渝的理想与坚守。

据介绍，此次主题展是莲花池军休所党总支建党100周年系列庆祝活动之一，也是一次创新党史学习教育形式的有力尝试。今后，该所将继续把学习党史同总结经验、观照现实、推动工作结合起来，在百年党史中汲取丰厚的精神滋养，牢记初心使命，矢志拼搏奋斗。

——2021年6月9日光明网

信仰的厚度

解放军报特约记者　袁　帅　胡丹青

“到延安去”成为当年最时髦的时代口号

第一次见到韩珍明，是在老干部活动中心“学习百年党史·感悟入党初心”主题展览上，展品正是韩珍明收藏的百余份入党志愿书。

退休前，韩珍明曾是军队的一名党务工作者。一次偶然的机会，他发现了一份革命战争年代的入党志愿书。微微泛黄的扉页上，红色党徽依然耀眼。那光芒像是细微的电流霎时直通心脏，让韩珍明受到极大的触动。“入党志愿书里延续着每名共产党员的初心和誓言。从某种意义上讲，入党志愿书是有载体的信仰。”韩珍明说。

玻璃展柜里，百余份入党志愿书整齐排列。这些形式各异、大小不一的入党志愿书质朴无华，纸上那些亲手写下的文字却会“说话”。扑面而来的热爱和赤诚，裹挟着风与雷的力量，把一段段尘封的历史重现在我们眼前。

韩珍明所有藏品中，时间最早的一份入党志愿书写于1938年。那一年，一位名叫曹松林的21岁山西女学生在延安加入了共产党。

在她的入党志愿书上，我们看见，她出身小资产阶级，父亲是一名中学教员。1937年，她从山西太原女中毕业后，参加了八路军。一路辗转，曹松林来到革命圣地延安，就读于党中央创办的陕北公学。

誓言字字滚烫，初心闪耀其中。望着眼前几页单薄的纸张，时光的痕迹在工整的文字间跳动，一位进步女青年的形象跃然纸上。

那是1938年的延安。一年前，上海、南京沦陷，无数中国百姓流离失所，中华民族到了最危险的时刻。国难当头、民族危亡之际，为了拯救被侵略者铁蹄蹂躏的祖国和民族，一代热血青年怀揣着强烈的爱国情怀，从沦陷区、国统区奔赴延安。

尽管道阻且长，却挡不住一队队热血青年的决心和脚步。著名作家魏巍在奔赴延安的路上，三次被敌人抓住关押，三次都设法逃出。他心中只有一个信念：必须到延安去。“到延安去”成为当年最时髦的时代口号。1938 年，“漫画先锋”张仃终于抵达延安。他激动地在黄土地上翻滚，亲吻着脚下这片心中的圣土。

“在这革命的浪潮里使我党更壮大与巩固起来，才能很快的成功。”这是女学生曹松林在入党志愿书中的祈盼，也是千千万万共产党人的心声。

渡过长江，去建设一个新世界

新世界是什么样子的？在韩珍明收藏的入党志愿书中，每名党员对于新世界的描绘“相同却又不同”。相同的是，无论哪个时代，他们都将实现共产主义社会作为自己的最终目标；不同的是，通往新世界的道路总伴随着荆棘密布和狂风暴雨，等待他们披荆斩棘、乘风破浪。

20 多年前，韩珍明辗转各地，四处搜集革命年代的入党志愿书。“我托朋友问，给老战友、老首长们写信，一有空就坐火车、坐飞机去找。”他说，“但是我不觉得苦。我这么做，保护的是珍贵的历史，是珍藏的记忆，很有价值、也很有意义。”

这些年，为了找寻入党志愿书，韩珍明最北去过新疆，最南去过广西。前年除夕，韩珍明还在寻找入党志愿书的路上。终于，他在河北农村的一个集市上，找到了一份写于 1949 年 7 月的入党志愿书。

入党志愿书的主人叫吴应星，是原第二野战军第十二军侦察三连的一名战士。志愿书上，他用蓝色墨水重重写道：“我痛恨旧社会的封建势力与官僚资本。我坚决参加共产党，永远跟着毛主席走，达到共产主义社会。”我们不知道，这位叫吴应星的老兵，今天是否仍健在。翻阅他的入党志愿书，那单薄的纸张里折射出耀眼的光芒。在“经历”一栏中，吴应星写道：“18岁时被中央军抓住当兵到新八军……直到渡江战役时被解放。”

记者不禁发问，是什么让许多像吴应星一样出身旧社会的“解放战士”，毅然加入这支光荣的队伍，投身伟大的革命？历史比任何雄辩更能呈现真理，给予我们答案：这是一支与人民血肉相连的军队，这是一个始终把人民放在心中最高位置的政党。

党旗飘扬的地方，就是前进的方向

韩珍明刚当兵时，曾在新疆军区工作。从故乡河南到新疆，直线距离有3600多千米。每次探家，他先要坐上五天五夜的火车，然后再转长途汽车。从北疆边陲到中原腹地，窗外景色不停变换。这一路，韩珍明几乎横穿大半个中国，“回趟家，能在途中经过四个季节。看见小麦田，也就到家了”。

今年年初，全长3422千米的连云港至乌鲁木齐高铁全线贯通。那时的韩珍明一定想不到，今天坐上“复兴号”动车组，从河南到新疆仅需一天半的时间。俯瞰当今中国，“八纵八横”的高速铁路网建设，如同在幅员辽阔的神州大地上编织出一个巨大的“中国结”。

在中国共产党的坚强领导下，“天堑变通途”的预言已经从梦想照进现实。

2020年1月24日，67岁的韩珍明正在电视机前紧张凝视。一场突如其来的新冠疫情席卷神州，一时间，武汉告急，湖北告急，全国告急……在告急的呼喊声中，我们看到了那面鲜红的党旗——除夕之夜起，包括解放军医疗队在内，19 个省区市对口帮扶湖北的 16 个地市。短短 10 多天，火神山医院、雷神山医院、方舱医院神速交付……

当时的一组数据让人动容：在抗疫一线从事疫情防控工作的党员、干部有 3914.4 万人，其中党员 2977.1 万人，占 76.1%。全国参与疫情防控的志愿者有 2369.8 万人，其中党员 1326.2 万人，占 56.0%。

“战争年代，只有共产党员才有资格扛炸药包。党旗指向哪里，部队就向哪里冲锋。”韩珍明说，“今天，党旗飘扬的地方，依旧是我们前进的方向。”说到动情处，他眼里闪着泪花。

……

从 1921 年到 2021 年，中国共产党人把初心和使命写进入党志愿书。他们的精神之火永不陨灭，在建党百年的璀璨星河中永恒闪耀。历史是忠实的见证者，更是伟大的书写者。一份薄薄的入党志愿书，记录着一名党员一生的选择。那是精神的高度，更是信仰的厚度。

（原文刊载于 2021 年 7 月 2 日出版的《解放军报》，有删减）

久远的入党志愿书

马誉炜

文化周刊

北京日报

采晚霞的人

久远的入党志愿书

去捉稻花鱼

钤印记

不久前，我应邀到北京市丰台区莲花池西里的军休所，参观红色入党志愿书收藏展。虽然这些日子里，各种规模的红色题材展览有不少，但这个小小的展览与我有些渊源——收藏者是17年前我在中央党校学习时的同学，原济南军区某集团军政治部副主任、退休干部韩珍明。这些年代久远的入党志愿书都是他近30年来从各地收集来的珍藏。

20世纪90年代，韩珍明常常被工作中接触到的那些战争年代的入党志愿书所感动。也就是从那时开始，他养成了收集战争年代红色志愿书的习惯，常常到旧货市场、老干部家中寻找遗散的红色志愿书。当年我们一起学习时，每个周末，他都要去北京的琉璃厂和潘家园一带转悠，一旦发现有战争年代的入党志愿书，就如获至宝一般，想方设法也要收藏。

十多年前，他从领导岗位上退休，用于收藏的时间更多了，一听说哪里有这样的入党志愿书，乘飞机、高铁也要去。开始时，家里人对他痴情于收藏志愿书很不理解，认为收藏字画、古瓷才有价值，收集这一份份泛黄的志愿书有啥意思？可韩珍明有自己的信念："一份志愿书，就是一本活教材，这是革命前辈奋斗精神的有形载体。如果现在不收集，将来会留下无法弥补的缺憾。这是在保护历史，留住记忆！"渐渐地，家人开始主动支持他，家里多年来投入收藏已达60多万元。

入住军休所后，所领导对韩珍明的入党志愿书收藏十分支持，专门拨出经费，制作展板，在庆祝建党百年之际组织专题展览。现在，不少人都知道莲花池西里的军休所里有个"红色入党志愿书收藏展"，这些天来参观的人络绎不绝。有的老干部坐着轮椅，举着放大镜，在展室的一份份志愿书面前，注视良久。有观众在留言簿上写下自己的观感："峥嵘岁月的印记，信仰如磐的见证。受益匪浅。"

我的面前摆着一份填写于1938年4月的入党志愿书，由泛黄的三张纸组成。在姓名一栏填的是曹松林，性别：女，籍贯：山西崞县（今原平市）。这位女党员出生于1917年，毕业于太原女子中学。看得出，她是中学毕业后投奔延安参加抗日的。从家庭出身情况一栏里，得知她的家庭条件在当时算是很不错的，父亲是中学教员，家里有房产和几十亩土地，有马匹，雇有短工。在为什么要入党一栏中，一行清秀的字迹写着："我认定中国共产党是世界上最好的政党，能为无产阶级谋利益，为劳苦大众求生存。所以我就要入党。"是啊，许多革命前辈最初就是这样信仰共产主义，立志为中华崛起而献身。曹松林老人这份年代久远的志愿书上，初心可鉴。

在展室一角，韩珍明带我去看一份显然是被水泡过的入党志愿书，上边密密麻麻的字迹已模糊不清，但党的组织机构——第四野战军政治部组织部用毛笔写下的“批准张五小同志入党”几个字却依稀可辨。更为令人感动的是，在这份模糊不清的志愿书右上角，写着几行入党人张五小本人的批注：我的入党志愿书是在行军打仗时，不小心被雨水浇透过。尽管当时我把志愿书放在胸口衣袋，但由于雨水太大、太急，我的军装全部打湿，没有保护好志愿书，甚为遗憾。落款是 1950 年 3 月。据韩珍明讲，战争年代，入党后志愿书一般都是交由党员个人保管。1953 年，中组部和中国人民解放军总政治部专门发出通知，规定此后入党志愿书作为档案材料一律交由组织保管。

展柜里还有一份填写于 1949 年 7 月的入党志愿书，入党人名叫吴应星，籍贯河北，是第二野战军第十二军某团侦察三连的战士。他在志愿书上写道：“我痛恨旧社会的封建势力和官僚资本、痛恨旧军队。我坚决参加共产党，永远跟着毛主席走，直到共产主义社会。”在“履历”一栏里，吴应星写道：“18 岁时被中央军抓住当兵到新八军……直到渡江战役时被解放。”看得出，这是一位曾经当过国民党兵被我军俘虏后又参加解放军的士兵。通过对比，他最终选择了共产党。在解放战争中，我们的队伍里像吴应星这样的士兵还有很多，有的甚至后来还成为解放军的高级将领。中国共产党领导下的人民解放军，团结一切可以团结的力量，是培养人、改造人、锻炼人的大熔炉。这份入党志愿书忠实地记录了这段历史。

从那间小小的展室出来，耳畔传来老干部们的歌声：“没有共产党就没有新中国……”

京城雨后，又是晴朗的一天。

（原文刊载于 2021 年 8 月 20 日《北京日报》第 14 版，作者系原北京军区政治部副主任、善后办副政委，少将）

后记

2022 年的 4 月，中国收藏杂志社的热线电话总是响个不停："我们是高校的，想组织学生党员本周五下午去参观展览，请帮我们预约一下。""我们是一家网络公司，想预约下周的看展时间。""我们党支部想在展览现场举办重温入党誓词的活动。"……近乎一个月的时间里，接电话、规划参观时间、安排党建活动、做展览讲解等接待工作，让杂志社的工作人员忙得不亦乐乎。

什么展览，这么受欢迎?

这就是"初心如磐——韩珍明百份入党志愿书收藏展"。而彼韩珍明就是此韩珍明——本书的作者。

本书的诞生要追溯到 2021 年 10 月。当时韩珍明想为他珍藏的入党志愿书制作一本画册，也是对那年在北京莲花池军休所举办的主题展做个总结，于是请杂志社的同志来帮忙。不曾想，一份份斑驳却充满力量的入党志愿书深深感染了大家，并使大家萌发了办展的念头，2022 年 4 月的收藏展就这样横空出世。

那个 4 月，北京报国寺的一殿里，参观者熙来攘往，驻足于一张张泛黄的入党志愿书前，细细品读着上面所记录的不同时期共产党人的初心故事。应该说，这是一场很特别的展览！这些看似普通的故纸，却是难能可贵的史料，承载了自1938年至20世纪50年代初共产党人的初心与理想。

说起韩珍明，他是一位不折不扣的收藏家，也是杂志社的老朋友，他与杂志社里的很多人熟稔，与我更是忘年交。正因为如此，“老韩”也成了杂志社同事们私底下对他的昵称。

20世纪90年代末，《中国商报·收藏拍卖导报》正是风生水起之时，因着眼于文物收藏拍卖领域报道，许多爱好收藏的读者既把其当成不可或缺的读物，又将其视为收藏品，如果不小心少了哪一期，都会想办法及时补上。老韩就因少了一期报纸而与我结缘，一晃已近30载。从最初的电话联系到后来的隔三岔五面对面交流，老韩也从普通读者升级为老读者、“铁粉”，再后来还与我有了笔墨之交。

老韩来杂志社除了补遗失的报纸、杂志外，还不忘来聊聊近期斩获的“战利品”。邮票邮封、旧书旧报旧刊、入党志愿书、退伍军人证、汇票单、押金条……与纸有关的物品似乎都在他的寻觅范围中。甚至看到我办公室里留存的各种报纸、杂志的审读纸样，他都不忘叮嘱一句：“如果这些要处理的话，首选我哈。”

老韩“捡破烂儿”的本事，我可是亲眼见过。多年前，北京报国寺还开设收藏品交易市场的时候，他有空定会到这里“一游”，而每“一游”几乎都满载而归。记得有一次，他让摊贩直接把一大麻袋的“战利品”送到我的办公室暂存，待他方便时再拉走。打开麻袋一看，多数人会不假思索地说：“就是一麻袋的废纸嘛。”但他却得意地说：“可别小看了这一麻袋‘破烂儿’，兴许能淘到几件好玩意儿。”

眼见着老韩一麻袋一麻袋地淘，我真有几分不解。但随着不断交往，却让我对他捡破烂儿式“淘宝”另眼相看。

多年交往后，他终于开始给我们写稿了。第一篇文章锁定退伍军人证书，洋洋洒洒数页，展现了不同时期退伍军人证书的变化。这之后，一发不可收，几张收据、一本带着读书笔记的小书、几页发黄的节目单等，都成了老韩浓墨重笔的对象。别看就那么几张纸，却让老韩道出了不少鲜为人知的故事，而且是考据、比较等研究法齐上阵，有理有据，令人起敬！

收藏的尽头是研究，老韩也不例外。成系列、成专题的纸质藏品都成了他研究、论道、着笔的对象，而这些被他视为宝贝疙瘩的藏品不少都是从那一麻袋一麻袋的“破烂儿”中淘出来的，其中也不乏早期的入党志愿书。显然，这种淘并不轻松，需要时间和精力，更需要眼力与毅力。之后的品鉴、研究，同样要花功夫。难怪有人说：真正的收藏家都有些偏执。但正是这份常人难以想象的执着才成就了“老韩”们。

老韩对待他的宝贝们的方式也多少有点另类。一些藏家为了广而告之自己藏品的价值，总把值多少钱挂在嘴边。老韩对此却很少提及，但说起藏品的艺术价值、文化价值、历史价值时，他会头头是道。2022 年 4 月办展览签协议时，我问及这些早期入党志愿书的身价，老韩憨憨地一笑，答道：“你们小心保管就是了。”

老韩也是见证我们成长的人。这位“一期都不能少”的读者，他家里一摞摞码放整齐的《中国商报·收藏拍卖导报》会让人惊愕——从 1997 年 3 月的创刊号一直到 2023 年 3 月的终刊号。而我们同时编辑出版的《中国收藏》杂志，他也是从试刊号、创刊号一直收藏至今。老韩对纸的偏爱由此可见一斑。这么多年来，为了我们的发展，他也是出谋划策、积极建言，甚至参与到我们的一些选题策划中来。2008 年 10 月，在老韩的推动与策划下，一期与众不同的特别策划《追想宋都——收藏开封》被推出，引发热烈反响。由此，《中国收藏》杂志的报道也不再拘泥于一件件藏品，而是着眼于大收藏、大文化的概念，视野自然开阔了不少。

事实上，老韩只是民间收藏另类“拾荒者”中的一员。他们很忙碌，不是在寻觅心仪藏品的路上，就是在整理研究它们的路上；他们很执拗，足迹可谓遍布大江南北，但往往只游逛于各地收藏品市场，流连于各类旧纸堆中，并以庋藏这些特殊藏品为乐。民间这支收藏力量绝对不容小觑。他们用自己的爱好与方式去发现故纸堆中有趣的、有价值的物品，并在日积月累中让这些发现成体系、有成果，甚至起到了“以物证史，正史之误，补史之缺”的作用。我想本书的出版就是一个极好的例证。无论是百件入党志愿书上一字一句的释读，还是不同时期的入党志愿书名称、入党誓词等，都为世人展现了别样的风景，正所谓“涓涓细流汇聚成河”。

应该说，收藏家善于发掘藏品的最大价值，《中国收藏》杂志则是这些价值发现的最佳载体。20 多年来，正因很多很多的“老韩”把他们的收藏心得、价值发现、研究成果信任地交予我们，让一本小刊不仅内容丰富了，也愈加厚重了，成为交流、展示、传播优秀传统文化的重要阵地。更为难得的是，这种笔墨之交、见字如面不正是讲好中国故事的最佳方式嘛，也在一定程度上助推了民间收藏事业的繁荣发展。

我想，“老韩”们不仅仅是“破烂儿王”，《中国收藏》也不仅仅是一本刊物！正是坚守初心、笃定致远，才让我们都有更多可能与未来！

摆在读者面前的这本书，无疑是更多可能与未来的一个新的起点。

一本书的顺利付梓需要方方面面的支持与帮助，本书也如此。在此，要感谢韩珍明先生，没有他的信任就没有2022年的那个展览，更不会有这本书的出版。感谢北京莲花池军休所的领导，他们为本书的顺利出版做了很多幕后工作。感谢中国商业出版社的领导与编辑，是他们慧眼识珠，得以让更多的人看到一代代共产党人的无悔选择。

最后我要特别感谢中国收藏杂志社的每一位小伙伴。因我对一份承诺的坚持，让大家付出了很多心血。记得办展的那些日子里，大家白天盯展览，晚上加班干本职工作，那一幕幕情景让我难以忘怀。还要特别一提的是小伙伴王菁菁，是她毫无怨言地面对着一份份入党志愿书，释读与校对了那些因年代久远而难以辨认或本就潦草的文字，为本书的出版奠定了基础。

要感谢的人还有很多，在此就不一一赘述了。

因水平所限，本书难免有不足之处，还请读者、专家们指正。

陈念

中国商报社副总编辑

中国收藏杂志社社长